Dinge, die es (so) nicht mehr gibt

Dinge, die es (so) nicht mehr gibt

Ein Album
der Erinnerungen

Prestel
München · London · New York

© Prestel Verlag, München · London · New York, 2016
5. Auflage

Prestel Verlag, München
in der Verlagsgruppe Random House GmbH
Neumarkter Straße 28
81673 München
Tel. +49 (0)89 4136-0
www.prestel.de

Die Deutsche Nationalbibliothek
verzeichnet diese Publikation in der
Deutschen Nationalbibliografie; detaillierte
bibliografische Daten sind im Internet über
www.dnb.de abrufbar.

Texte: Jan Heidtmann (JH), Gabriela Herpell (GaH),
Gregor Hoppe (GrH), Andreas Kühnlein (AK), Oliver Lüder (OL)
Fotos: Jens Heilmann, sofern nicht anders
im Bildnachweis (S. 130) angegeben

Projektleitung und Redaktion: Nicola von Velsen
Design und Layout: Dirk Uhlenbrock
Lektorat und Bildredaktion: Vera Maas
Ding-Recherche: Sofia Blind, Jens Heilmann, Vera Maas,
Christian Rieker, Dirk Uhlenbrock, Nicola von Velsen und
die Autoren
Fundus: Horst Sonnenwald
Gesetzt in: Factoria und Glober
Herstellung: Astrid Wedemeyer
Lithografie: Reproline Mediateam, München
Druck und Bindung: DZS Grafik d.o.o.
Papier: Profimatt

Verlagsgruppe Random House FSC®-N001967

Gedruckt in Slowenien

ISBN 978-3-7913-8146-6

Inhalt

Vorwort

Auf der digitalen Suche nach der verlorenen Zeit

Deine Lieblingsspeise aus der Kinderzeit wird auf einem herbei gegoogelten Flachbild bleiben, was es in diesem Moment ist: Flach! Egal, wie viele Pixel auch immer die Auflösung des digitalen Kochbuchfotos zu bieten hat. „Der Fluss, in dem man baden will, der ist bereits geflossen." (So formulierte es einst Kabarett-Poet Georg Kreisler.)

Ich gestatte mir hier nun in diesem Sinne nachzuhaken ... Der Fluss Deiner Kindheit, zum Beispiel, mag also dank der nahe liegenden Chemiefabrik, die pleite ging, immer noch fließen; leicht betrübt bereits, aber immerhin ... Persil bleibt Persil. Aber was bleibt in unseren Köpfen? Nicht etwa die Erinnerung an Mutters Waschpulver; viel eher vielleicht der beruhigende Brummton einer Waschmaschine jener längst vergangenen Waschtage; damals in den 60ern, als Bauknecht noch wusste, was Frauen wünschen – wie eine präpotente Werbebehauptung, die nur Männerhirnen entsprungen sein konnte, feststellte. So waren die damals drauf. Deutsche Werbestrategen, unter denen sicher manche noch mit Goebbels Strategien, wie die Reinheit der Rasse der Masse ins Hirn promotet werden könne, geistig unterwegs gewesen sind. Im Wunderland der Werbung. Vollblutprofis fürs Marktschreierische. Vom großen Braunen zum Weißen Riesen.

Stetige Wiederholung produziert Behauptungen im Endresultat als Wahrheit. Gesetz der Serie. Und die Dinge, hier in diesem Buch, sind nun mal die stillen Begleiter dieser Wahrheiten: Das alte Mütterchen vergisst für eine UFA-Filmlänge mal kurz, dass es Ende der 40er Jahre zwei Söhne im Feld verloren hat; und schluchzt unter Tränen: „Das waren noch Zeiten!" Und der *Disco*-Fan schaut mir heute in die Augen und bibbert nicht weniger sentimental als besagte alte Frau: „Stimmt's? Das war noch Musik! Das war unsere Zeit!" Anstatt den altgewordenen Kindern unserer abgelaufenen Jugend nun zu bestätigen, dass das eben unsere Zeit war und die Musik überhaupt so viel besser, frag' ich gern schon mal zurück, wenn es mich allzu sehr juckt: „Was meinen Sie? Ach ja, jetzt fällt es mir wieder ein. Sie sprechen sicher vom Vietnamkrieg, Schleyer-Entführung, Baader-Meinhof-Prozess ..."

Der Fluss, in dem man baden will ... Aber was soll's?! Auch wenn das Wasser nicht mehr so blau ist, wie es vielleicht auch niemals war. Schon vor 30 Jahren berichteten Magazine über Umfragen bei Kindern zwischen 10 und 14 Jahren, dass deren Wahrnehmung der Natur durch zu großen TV-Konsum stark belastet sei. Heute werden Kinder, die man Kids nennt, misstrauisch, wenn die Kühe auf der Wiese nicht lila sind. Die Künstlichkeit der Farbgebung heutiger Flachbildschirme straft die Natur Lügen. Sie erscheint unbearbeitet einfach nicht mehr sendefähig.

Die Wahrnehmung meines Alterungsprozesses begann aber bereits ein paar Jahre zuvor. Hand aufs alte Herz: Wenn schöne Töchter mich um Autogrammkarten für ihre Mütter und Großmütter bitten – ist es soweit. So dachte ich. Und so nehme ich's gelassen.

Zwei Teenager entdeckten auf dem Wühltisch im Kaufhaus eine Musikkassette. Fragt das eine Mädchen das andere: „Du, was issn dis?" Darauf das andere Mädchen: „Keene Ahnung, hat aba, gloobick, irjindwat mit Musik ßu tun." Und dann machte sie ein Selfie. Mit Kassette zwischen den Fingern. Im Kaufhaus. Das hätte sie aber auch vor den Niagarafällen, den Pyramiden oder den restlichen Weltwundern so gehandhabt. Die großen Dinge schrumpfen zur Kulisse zusammen und die kleinen Dinge verschwinden für immer. Oder aber, sie landen in einem so liebevoll wie kitschfrei kommentierten Buch wie diesem.

Der posierende Mensch im Vordergrund mit dem Weltkulturerbe im Hintergrund. In diesem Buch ist es allerdings ausnahmsweise mal umgekehrt: Die Dinge im Vordergrund erzählen vom jeweiligen Hintergrund der Menschen und ihren Bedürfnissen in den 60er, 70er und 80er Jahren. Ein Lexikon über menschliches Dasein; aus Epochen, in denen noch alles haptisch, praktisch, gut war – Letzteres sei mal dahingestellt. Seien Sie so gut, und finden Sie das für sich selbst heraus. Man sollte das Leben von einst nicht mit dem damaligen Fernsehprogramm verwechseln.

Allerdings: Menschen brauchen Rituale. Im Privatfernsehen sind sie eher verkommen zu Wiederholungen von Häme, Spott und der Antastbarkeit menschlicher Würde. Im Fernsehen der 60er und 70er Jahre gab es familiäre Fixpunkte: *Bonanza* lief nur einmal in der Woche. Sonntags. *Disco* nur einmal im Monat. Montags.

Die Affekte, die Freude – vor allem die Vorfreude – waren noch an die Dinge gebunden. Ganz bestimmte Dinge. Gegenstände. Ohne Fernseher kein Fernsehen. Und das auch nur zu festgelegten Zeiten. Nicht einfach jederzeit abrufbar. Per Mausklick. Mediathek, DVD, YouTube etc. So entstehen zum Beispiel merkwürdige Stillleben inmitten lauter Straßen. Da lehnt schon mal ein alter Fernseher an einer kranken Kastanie. Und ein Hund biegt um die Ecke, den man Mackie Messer nennt, pinkelt an beide und will das Ritual morgen wiederholen. Da ist ein Tier ganz Mensch. Entzieht man ihm die Dinge des lieb gewordenen Rituals, wird er sich etwas verkneifen; er hebt zwar kurz das Bein, aber verpisst sich dann.

Sie vermissen die *Disco* mit mir? Dann hätten Sie den Fernseher nicht an den Baum stellen sollen! Aber seien Sie nicht allzu traurig. Selbst wenn Sie den alten Kasten noch hätten, gäbe es trotzdem ja keine neue *Disco*. Wäre alles noch da, würden Sie es nicht zu schätzen wissen – so sind wir nun mal. Erst die Abwesenheit der Dinge erzeugt in uns die Sehnsucht danach. Ganz zu schweigen von den Menschen, die Sie mit all diesen Dingen verbanden und noch verbinden.

„Es kommt nicht weg!", sagte Kabarett-Legende Wolfgang Neuss. Und was der Wiener Poet des Kabaretts Kreisler gesagt hat, wissen Sie ja nun … Der Fluss ist geflossen. Dennoch baden Sie in Erinnerungen. Dürfen Sie. Lesen Sie wohl! Und schauen Sie beim Betrachten mancher Fotos auch mal in sich selbst hinein. Das wäre ein wunderbares Motiv – in einer Welt, die alles nach außen kehrt. So gehen dann Licht aus und Spot an. Und nun dürfen Sie auch lächeln. Aber eben nach innen. Und ich sage Ihnen: Das wird das persönlichste Selfie, das Sie je von sich gemacht haben! Das ist einfach Ihr Ding. Das dazu passende Buch haben Sie ja jetzt.

Ilja Richter

Einleitung

**Von Dingen, an denen Erinnerungen
hängen geblieben sind**

Als Sie ein Kind waren – war das Blaulicht auf dem Dach des Polizeiautos da „blauer" als heute? Bei mir schon. Wenigstens kommt es mir so vor. Als hätte ich als Kind alle Farben viel glühender wahrgenommen, kräftiger, und irgendwie auch verlockender, verheißungsvoller.

Der Schmuck in diesem mehrschubladigen Holzkästchen auf dem puderduftenden Toilettentisch meiner Mutter – er kann, wie ich längst weiß, nicht wirklich wertvoll gewesen sein. Aber wenn ich damit spielen durfte, leuchtete er golden und funkelte wie die gehäufte Juwelenpracht auf dem Bild im Buch von Ali Baba.

Liegt es an dieser Intensität des Empfindens, dass Kinder sich so tief verlieren können in die Betrachtung selbst des vermeintlich Alleralltäglichsten? Müssten wir Erwachsene die Kinder nicht darum beneiden, wie sie alles zum (fast) ersten Mal und daher umso eindringlicher erleben? (Stattdessen sind wir oft genervt von der kindlichen Lernbegeisterung, die sich am – für Erwachsene – Simpelsten berauschen kann …)

Und umgekehrt – bedeutet Älterwerden denn nur, die eigenen Sinneswahrnehmungen abzustumpfen, durch schlichte Gewohnheit?

Ob wir nun als Erwachsene an Begeisterungsfähigkeit eingebüßt haben, oder sie nur auf Anderes, weniger „Dingliches", gerichtet haben, eine Erfahrung teilen wir alle: An jenem Gitarrenvorspiel, das vor 35 Jahren unsere Magensäfte aufwühlte, haben wir uns längst wirklich sattgehört. (Selbst wenn wir das nicht immer so ehrlich und offen sagen sollten.)

Denn bestimmt gehört zum Lebensgefühl des modernen Menschen, immer wieder aus dem Paradies intensivsten Gefühls vertrieben zu werden. Denken wir an die Zeitgenossen, die Mozart oder Bach haben musizieren hören – kein Tonträger weit und breit, der durch die stets wiederholbare Aufführung ein unsterbliches Werk hätte schal klingen lassen können. Nur wir Nachgeborenen können erahnen, wie privilegiert diese vergleichsweise wenigen Menschen waren. Für sie war Musik nur als „Echtzeiterlebnis" verfügbar.

Für uns bedeuteten Musikkassetten (und der dazugehörige Bandsalat) vor diesem Hintergrund einen enormen Fortschritt in der selbstbestimmbaren Verfügbarkeit von Musikstücken – denn wir konnten nicht nur Wiederholbarkeit herstellen, wie bei der LP, sondern auch unsere eigenen Alben „sampeln", und der Zusammenstellung unserer Lieblingshits im Radio ein Schnippchen schlagen.

Um die Wieder-Besichtigung dieser und ähnlicher Gefühlswelten anhand von Dingen oder „Objekten" geht es in diesem Buch: *Dinge, die es (so) nicht mehr gibt* – das sind auch die Erregungen, die wir verspürten, die Freude, die wir hatten und teilten. Deswegen ist aus diesem Buch keine politisch korrekte Historie geworden und schon gar keine Geschichte der BRD oder der DDR – Letzteres am allerwenigsten. Denn deutlich wird schon, wie die „westliche" Wegwerfgesellschaft mit ihrem *perpetuum mobile* aus Bedarfserweckung und Konsumbefriedigung uns alle mehrmals im Leben mit Dingen und Gegenständen versorgt, die, nachdem sie ihre Schuldigkeit getan haben, unweigerlich wieder aus unserer Welt vertrieben werden – weil es Neueres, Praktischeres, technisch Weiterentwickeltes gibt, weil sie sich nicht „durchsetzen" oder dauerhaft halten konnten, weil irgendwas an ihnen schräg war und auch immer bleiben würde (die „Klick-Klack-Kugeln"), aus den unterschiedlichsten – nicht zuletzt technischen – Gründen.

Die Vielfalt des Dinglichen, die uns Normalverbraucher umgab, war spätestens seit dem Wirtschaftswunder enorm. So stehen viele Gegenstände, an die hier erinnert wird, für sich und gleichzeitig auch für ähnliche Artgenossen – der Ford Capri könnte etwa auch ein R4 oder ein 2CV, also eine Ente sein.

Was „in Mode" kommt, und was schließlich wieder „aus der Mode" kommt, hängt mit Gesetzmäßigkeiten des Marktes zusammen, die nur die Fachleute kennen oder zumindest untersuchen. Was diese Dinge aber in ihren früheren Besitzern hervorrufen, oft auch nur als Erinnerung, birgt den sentimentalen Mehrwert, aus dem unser Gefühlsleben zu weiten Teilen gemacht ist.

Deswegen haben wir auch Fernsehserien aufgenommen in den Bestand der *Dinge, die es (so) nicht mehr gibt*. Sie bedeuteten – unter Anderem – die Freude am „besonderen Moment", den es früher, so scheint es, weit seltener gab als im partysüchtigen, alles-allzeit-verfügbaren Heute – und der vielleicht gerade deswegen so festlich ausfiel.

Natürlich kann man diese Fernsehserien heutzutage alle auf YouTube oder auf irgendeinem der vielen tausend TV-Kanäle wieder aufstöbern. Das ist aber nicht das Gleiche wie damals, als wir, im fes-

ten Bewusstsein, am nächsten Tag in der Schule mit dem Banknachbarn die Einzelheiten nochmal durchsprechen zu können – denn was hätte der Anderes sehen sollen oder können? – als einmaliges Erlebnis (zumindest in dieser Woche) uns die entsprechende Folge feierlich zu Gemüte führen durften. Denn auch Fernsehserien waren nicht beliebig verfügbar: zur festgesetzten Zeit – und nur zu dieser – konnten sie angeschaut werden. So fand ihre „Vergegenwärtigung" in den Gesprächen danach statt. Es gab nur die Details aus der Erinnerung. Keine Möglichkeit, mal eben im Netz, bei YouTube oder auf der DVD nachzuschauen, wie es genau war oder gar weitergeht, ob *Flipper* wirklich gelacht hat und welches Kostüm die *Bezaubernde Jeannie* am nächsten Morgen trug. Gegenstände, die wir als junge Menschen handhaben, machten die Welt aus, die es zu begreifen galt. Wortwörtlich. Aber auch diese Welt, die es zu meistern galt. Wer den Kassettenrekorder und dessen Neigung zum Bandsalat bändigte, bewältigte eine Bewährungsprobe, die noch weit mehr bedeuten konnte. (Von der Meisterschaft auf dem Bonanzarad zu schweigen, oder der vorgeblichen Expertise, mit der man den Rechenschieber zur Hand nahm.)

Das Gute war dabei: Diese Dinge in unserer Umgebung waren irgendwann, wenigstens meistens, beherrschbar. Und das war es dann aber auch.

Ganz im Gegensatz zur Gegenwart: Heute kann jeder Videorekorder, ausweislich seiner Gebrauchsanweisung in 36 Sprachen, mehr, als wir uns je zu erfahren die Zeit nähmen. Unsere nicht mehr wegzudenkenden I-Phones braucht man da gar nicht heranzuziehen als Anschauungsobjekt. Als Beispiel für Apparate, die mehr können als ihre Besitzer, ja, womöglich als ihre Hersteller. Diese digitale Gegenwart war damals, in unserer noch gar nicht globalisierten Welt (so überschaubar, so behaglich) – noch weit, weit weg. Wir hatten noch nicht verinnerlicht, dass wir unser Leben lang immer wieder Neues würden lernen und wieder-lernen müssen.

Der eine oder andere Prophet hatte zwar davon geraunt, dass das so kommen würde, und bald, aber so richtig ernst nahmen wir das nicht. Im Gegenteil – Jahreszahlen, die bei Lichte betrachtet in naher Zukunft lagen, kamen uns utopisch weit weg vor. *1984*, zum Beispiel. Oder *2001: Odyssee im Weltraum*. Stanley Kubricks Film kam 1968 auf die Leinwand und die Jahreszahl „2001", also in 33 Jahren, erschien als ein Inbegriff ferner – und unerreichbarer – Zukunft. (In der Tat hieß eine Zeit lang alles, was sich als hypermodern ausgeben wollte, mit Nachnamen „2000", vom BMW-Sportwagen bis zum Spielsalon.) Aber dass das Jahr 2000 eines Tages kommen würde, und doch alles beim Alten bliebe (wofür der „Millennium-Bug" geradezu symbolhaft stand), das hat uns dann doch überrascht. Das kam so allmählich, so unmerklich, ungefähr wie beim Euro: Was hatten wir nicht alles jahrelang darüber gehört, aber dass er wirklich eines Tages da wäre, das konnte doch niemand ernsthaft glauben! Daher weiß jedermann, der noch ab und zu in

D-Mark umrechnet, wie rücksichtslos die Zeit über die eigene Zeitvorstellung hinwegrauscht.

Dinge, die es (so) nicht mehr gibt – das waren die Sachen, die uns umgaben, als unsere eigene Vorstellung von der Welt noch nicht täglich über den Haufen geworfen wurde. Auch deswegen hat es so großen Spaß gemacht, der Dinge zu gedenken, die uns früher umgaben, ja umhegten, als wir jung waren, zuversichtlich und neugierig, und noch nicht übersättigt oder gar überfordert.

Dieses Buch führt uns auch wieder vor Augen, wie wir früher einmal in die Welt geguckt haben – blauäugig womöglich, zugegebenermaßen naiv, aber vielleicht auch weit begeisterungsfähiger als heute.

Viel Vergnügen beim Nach-Empfinden!

Gregor Hoppe

Apple Macintosh 128k

Eine dieser schlichten, grauen Schachteln stand als wackeres Überbleibsel ihrer Zeit noch Ende der Neunziger in unserer Schule. Ein noch älteres Medium wurde darauf verwaltet, der Rechner gehörte zum Bibliotheksinventar. Auf seinem winzigen, schwarz-weißen Röhrenbildschirm konnte man darüber hinaus nur eine einzige wirklich sinnvolle Aufgabe bewältigen, und die hieß Tetris. Genau genommen handelte es sich um einen Macintosh Classic, den äußerlich beinahe identischen Nachfahren jenes ersten Macs, mit dem Apple im Jahr 1984 (!) Computergeschichte geschrieben hatte; samt ikonischem Werbespot von Ridley Scott und dem Rebellen-image des digitalen Underdogs.

Auch wenn er sich nicht übermäßig gut verkaufte: Der Macintosh 128k war eine echte Revolution, handelte es sich doch um den ersten, in größeren Stückzahlen produzierten Computer mit grafischer Benutzeroberfläche, den man mit Mausbefehlen steuerte. Mit seinen leicht verständlichen Icons sollte er ein ganzes Paradigma prägen, samt all jener Metaphern, die aus der Computerwelt bis heute nicht weg-zudenken sind: Papierkorb, Desktop, Ordnersymbole. Stolze 2.495 $ kostete der erste, noch ziemlich schwachbrüs-tige Mac, und auch wenn ihn die unter Windows laufende Konkurrenz schnell abhängte: Sein schlichtes, extrem kom-paktes Design, das Bildschirm und Rechner in einem Gehäu-se vereinte, war wegweisend. 1998 knüpfte Apple mit dem ersten iMac daran an – und schaffte damit endlich jenen Durchbruch, der dem grau-beigen Urahn nie vergönnt war.
AK

Technische Daten

Prozessor:	Motorola 68000
Hauptspeicher (RAM):	128 kB
Festwertspeicher (ROM):	64 kB
Floppy Disk-Laufwerk:	400 kB
Markteinführung:	24.01.1984
Produktionsende:	01.10.1985
Verkaufspreis:	2.495 $

Abgebildet ist der Macintosh SE FDHD von 1989 mit 1,4 MB HD-Diskettenlaufwerk (Floppy Disk High Density).

Die US-amerikanische Fernsehserie *I Dream of Jeannie* wird von 1965 bis 1970 produziert und auf NBC erstausgestrahlt. Entwickelt wird sie von dem amerikanischen Drehbuchautor Sidney Sheldon und umfasst fünf Staffeln mit 139 Folgen von je 25 Minuten. Im deutschen Fernsehen ist die *Bezaubernde Jeannie* erstmals 1967 zu sehen. Das ZDF strahlte zunächst nur 78 Folgen aus. Erst in den späten 80er und 90er Jahren werden die übrigen Folgen synchronisiert und erstmalig in deutscher Sprache gesendet (Sat.1 und Comedy & Co).

Bezaubernde Jeannie

Sie sorgten – auf magische Weise – dafür, dass die US-Raumfahrt auf dem Boden blieb. Jedenfalls hat man seit der *Bezaubernden Jeannie* selten so harmlose US-Militärs erlebt. Die NASA und der Geist aus der Flasche: Barbara Eden als dienstbarer Dschinn, heimlich eingeschleust in den Haushalt des NASA-Offiziers Major Tony Nelson alias Larry Hagman, der viel sympathischer rüberkommt als als Öl-Ekel J.R. Ewing in *Dallas*. Sie rennt im Bauchtanzkostüm durch sein Fertighaus, nennt ihn „Meister" und er tut so, als denke er immer noch in erster Linie an seine Berufslaufbahn. Schmollt sie aber, dann setzt er alle Hebel in Bewegung, um sie wieder zu versöhnen. Und der Colonel – Dr. Alfred E. Bellows – also der, der sich immer fragt, ob bei Major Tony Nelson zu Hause und im Oberstübchen noch alles ganz koscher bzw. halal sein kann, ist der NASA-Psychiater! Gab's je wieder so viel Selbstironie in einer US-Serie am Vorabend? Jeannie hatte Tiefgang – sie kam in Pompeji zur Welt, vor Christi Geburt noch, und verweigerte sich dem Oberflaschengeist Blue Djinn, der sie zur Strafe zwei Jahrtausende lang in eine Lampe sperrte und die auf einer Insel aussetzte, in deren Nähe der NASA-Mann dann wassert. Übrigens kriegen sich die beiden dann in der letzten Staffel, und haben sogar Kinder miteinander, die auch mit Augenzwinkern Zaubertaten zustande bringen.
GrH

Bonanza

Eine Welt ohne Frauen. Zumindest blieb keine länger als eine Folge. Beim Vater genauso wenig wie bei seinen Söhnen. Ben Cartwright war laut Drehbuch dreimal verwitwet – wer's glaubt. Aber niemand vermisste sie. Die Söhne nicht, der Vater nicht, die Zuschauer auch nicht. Mr. Cartwright hatte jedenfalls drei Söhne von drei verschiedenen Frauen, und keiner glich dem anderen: der dicke lustige Hoss, der vernünftige, etwas blasse, aber sehr elegante Adam, immer ganz in Schwarz, und Little Joe, der kleine übermütige Bruder, den seine Geschwister so oft aus Schwierigkeiten raushauen mussten. Nicht einmal zum Kochen brauchte man auf der Ponderosa-Ranch eine Frau: Hop Sing erledigte das, der kichernde Koch mit Pferdeschwanz, ich glaube, von ihm stammt meine Liebe zur chinesischen Küche.

413 Folgen dauerte *Bonanza*, etliche Revivals waren geplant. *Bonanza* war eine feste Größe meiner Kindheit, die Titelmelodie mein liebstes Kinderlied. Ich wollte Adam sein, und verstehe heute noch nicht, warum er die Ponderosa-Ranch nach drei Jahren verließ. Wo ist er bloß hin geritten? Nur mit den Frauen habe ich es dann doch anders gehalten als die ewigen Junggesellen.

OL

Mit 431 Folgen in 14 Staffeln ist die US-Serie *Bonanza* die längste Westernserie, die je im deutschen Fernsehen lief. Die erste Episode wird am 13.10.1962 von der ARD ausgestrahlt; ab 1967 läuft *Bonanza* im ZDF. Die Geschichten um Ben Cartwright (Lorne Greene) und seine Söhne Little Joe (Michael Landon), Hoss (Dan Blocker) und Adam (Pernell Roberts) spielen auf der Ponderosa-Ranch im US-Bundesstaat Nevada. Nach dem Tod des Hauptdarstellers Dan Blocker 1972 lässt der Erfolg von *Bonanza* nach, und es wird nur noch eine Staffel gedreht. Berühmt ist die von Jay Livingston und Ray Evans komponierte Titelmelodie, die Johnny Cash 1962 coverte.

Bonanzarad

Wie unbequem das Fahrrad doch war. Schon im Sitzen, erst recht beim Fahren. Und langsam war es auch, lag an der schlechten Übersetzung. Aber cool sah es aus mit seinem Bananensattel, dem Hirschgeweihlenker und dem leuchtend orangefarbenen Rahmen. Das Bonanzarad war ein Kinderfahrrad, aber man saß auf ihm wie auf einer Harley Davidson. Schwer vorstellbar, dass das Bonanzarad so erfolgreich gewesen wäre ohne den Film *Easy Rider*. Nur Jungs fuhren Bonanza, das versteht sich von selbst.

Ein Amerikaner hat es auch erfunden: Al Fritz. Anfang der 60er Jahre beobachtete er auf den Straßen Kaliforniens, wie Kinder lange Lenker auf kleine Räder montierten. Fritz entwickelte aus dem Trend ein abgestimmtes, komplett neues Design. Die Gangschaltung verlegte er auf das Oberrohr, das sah fast so aus wie beim Auto. Die amerikanischen Modelle hatten unterschiedlich große Vorder- und Hinterreifen, die deutschen dafür eine motorradähnlichere Gabel. Übrigens hießen sie nur in Deutschland Bonanzaräder.

In den 70er Jahren hatten sie einen Marktanteil von teilweise 60 Prozent, dann wurden sie plötzlich vergessen, bis man sich ihrer in den 90er Jahren wieder erinnerte und nach ihrem Vorbild das BMX-Modell erfand. Alles schon mal da gewesen.
OL

**Bauteile für den Umbau
eines Fahrrads zum Bonanzarad**

„Langsitz, Langsitzstange, Lackfarbe, Leuchtband, Polobügel, Spiegel, Plastik-Griffe, Tachometer, Posthorn, Halogen-Lampe, Seitenrücklicht, Schmutzfänger, ca. 72 DM."

Die bundesdeutsche Dauermarkenserie *Bun-despräsident Gustav Heinemann* erscheint von 1970 bis 1973 und ist bis etwa 1975 in Gebrauch, bis 2002 frankaturgültig. Auf allen Werten ist das Motiv (der nach rechts blickende 3. Bundespräsident) nach einem Entwurf von K. H. Walter und gestochen von Hans-Joachim Fuchs gleich. Die auf fluoreszierendes weißes Postwertzeichenpapier gedruckte, hochformatige Marke misst 27,3 x 23 mm und liegt in 21 Werten vor. 1975 wird diese Serie durch die Dauerserie *Industrie und Technik* abgelöst.

Briefmarke

Als der Mann am Postschalter noch „Beamter" war, war in
schüchtern-zurückhaltendem Ton die höfliche Bitte um Son-
dermarken die erfolgversprechende Taktik: gerade jüngeren
Menschen gegenüber, die potenziell noch zu bedeutenden
Philatelisten werden konnten, gewährte dann ein Greifgummi-
überzogener Daumen mit akribisch genauem Ratscher eine
Reißreihe von zehn Marken der neuesten Kunst-Edition
der Bundespost. Darauf konnten Barockschlösser zu sehen sein, Dichter oder Maler in ihren Jubiläumsjahren, oder
die Bundesgartenschau – sie waren jedenfalls schöner als
die normalen Marken, kosteten aber gleich viel. Achtsam
trug man sie nach Hause, wo wir des befeuchteten Kissens
– orangefarbener Schwamm in tiefgrünem Plastikring –
entbehrten, das der beneidenswerte Schalterbeamte vor
sich hatte. Wir leckten, es schmeckte schwach süßlich, und
erlagen der Wahnvorstellung, ein einziges ausgerissenes
Perforationszähnchen würde die Marke wertlos machen –
wer hatte uns diesen Bären nur aufgebunden? Aber heute,
da fehlt jede Ehrfurcht – der Mann am Schalter, outgesourct
und endgenervt, verweist selbst auf den Markenspender vor
dem Gebäude, und dem entleiern wir als letzte Briefeschrei-
ber auf Erden standardisierte, lieblose Normalmarken, ohne
Riffelzähnchen, ohne jeden Schmuck noch Selbstwertgefühl.
GrH

Mit der Einführung eines besonders preiswerten Parfums mit dem Namen „Charlie" (benannt nach dem Firmeninhaber Charles Revson) adressiert Revlon 1973 vor allem junge Kundinnen. Die atmosphärisch arbeitende Werbung (u.a. mit Sharon Stone, Cindy Crawford und Lauren Hutton) zeigt junge selbstbewusste Frauen in Hosen gekleidet unterwegs in Großstädten (u.a. New York, Paris, London) – das Charlie-Girl. Dieses junge, unabhängige Zielpublikum macht das Parfum zu einem der erfolgreichsten Produkte der Kosmetikgeschichte. Der Duft ist heute in verschiedenen Richtungen wieder lieferbar.

Charlie von Revlon

Wer etwas auf sich hielt, roch nach Shalimar und ging in den „Saloon" oder ins „Riverside", Bars für angehende Popper und Fotomodels. Wer Hippie war, trank in der „Teestube" am Friedrichsplatz Jasmin-Tee und roch nach Patchouli. Ich war für beides irgendwie noch zu jung. Ich rebellierte gegen meine Eltern, indem ich mit einem KFZ-Mechaniker-Lehrling ging, mich in einem Proll-Laden namens „Gesellenstube" herumtrieb und nach *Charlie* roch. Charlie war so eine Art Duft für die Probezeit, würde ich heute sagen. Für die, die ihre Identität noch nicht gefunden hatten. Charlie bediente das Bedürfnis junger Mädchen, ein Parfum zu benutzen, ohne sich zu irgendetwas zu bekennen – außer der Tatsache, sehr jung zu sein. Meine Mutter wäre nie auf die Idee gekommen, Charlie zu benutzen. Für sie war das ein „billiger Duft", wenn ihr das Wort Duft überhaupt in dem Zusammenhang in den Sinn kam. Auch die Schreibschrift auf dem Flakon und besonders den schwungvollen Bogen darunter, mit dem man als Teenager ja auch laufend seine vielen Unterschriftexperimente unterstreicht, fand sie kitschig. Natürlich: Je mehr sie gegen Charlie sagte, desto besser fand ich es. Denn das war ja mein innigster Wunsch damals: mich so klar und deutlich wie möglich von meiner Mutter zu unterscheiden. *GaH*

Charlie ist ein betörend
junger Duft.
Voller Überraschungen.
Wie das Mädchen,
das ihn trägt.
Lernen Sie Charlie kennen.
Jetzt!

Lang haftend. Einen originelleren Duft gibt es nicht.
Charlie – von REVLON

Concentrated Eau de Cologne • Concentrated Eau de Cologne Spray • Concentrated Perfume Spray
Concentrated Perfume in-a-Pot • Concentrated Perfume Oil • Eau de Cologne

Concorde

Das Faszinierendste an der Concorde war natürlich ihre Nase. Lang und spitz, wie ein sorgfältig gearbeiteter Speer gegen die Wolken. Die Piloten konnten sie abkippen, während des Fluges sogar, je nachdem, wie schnell sie fliegen wollten. Das Konstrukt erinnerte an das *James Bond*-Auto, den silberfarbenen Aston Martin, der hinten ein Schutzschild ausfahren und gleichzeitig Raketen abschießen konnte. Nur, dass der Aston Martin ein Objekt spielerischer Phantasie blieb, die Concorde aber, die flog tatsächlich. Konzipiert in den 60er Jahren stand sie für den fulminanten Aufbruch in die technische Moderne, es war der Flug zum Mond, für die, die es sich leisten konnten: eine kleine Gruppe von Überschall-Jet-Settern. Auch wenn ihr Leben galaktisch erschien, es gab sie wirklich. Wie sehr die Concorde in die Jahre gekommen war, das wurde dann auch erst bei dem schlimmen Unfall 2000 in Paris deutlich. Ein kleines Stück Metall hatte das doch eigentlich unantastbare Fluggerät zu Fall gebracht. Es war, als wäre eine der grazilen Hollywood-Schönheiten auf dem roten Teppich gestrauchelt und hätte so ihr wahres Alter entblößt.
JH

Das von der französischen und britischen Luftfahrtindustrie seit 1962 gemeinsam entwickelte Überschall-Verkehrsflugzeug nimmt planmäßige Flüge durch die Fluggesellschaften Air France und British Airways im Jahr 1976 auf. Im August 1995 umrundet eine Concorde die Erde in Weltrekordzeit: 31 Stunden, 27 Minuten und 49 Sekunden. Nach dem Absturz einer Maschine nahe Paris am 25.07.2000 stellt Air France den Betrieb dieses Flugzeugs ein. Im Oktober 2003 wird der Flugbetrieb der Concorde komplett eingestellt.

Technische Daten
2,2-fache Schallgeschwindigkeit (in 15.600 m Reiseflughöhe 2.180 km/h) und bis zu 128 Fluggäste; maximales Startgewicht 185.000 kg, maximale Nutzlast 12.700 kg

↓

Dalli Dalli in Fakten

Erste Sendung:	13.05.1971, ZDF
Letzte Sendung:	11.09.1986
Länge:	90 Minuten
Sendungen:	153, monatlich
Moderator:	Hans Rosenthal
Assistentin:	Monika Sundermann
Musik:	Heinrich Riethmüller
Sketche:	Horst Pillau
Schnellzeichner:	Oskar (Hans Bierbrauer)
Jurymitglieder:	Ekkehard Fritsch, Brigitte Xander, Mady Riehl, Georg Lohmeier, Sabine Noethen, Christian Neureuther, Rosi Mittermaier
Neuauflage:	„Das ist Spitze!" mit Kai Pflaume, seit 26.08.2013

Dalli Dalli

Gab's das mal – eine abendfüllende Fernseh-Show, mit einem Schnellzeichner (Oskar alias Hans Bierbrauer), einer Schnellrednerin (Gisela Schlüter) und dem Dalli-Klick? Die Herstellungskosten müssen unvorstellbar niedrig gewesen sein. Aber wenn Hänschen Rosenthal zum „Spitze!" in die Luft sprang, gefror das Bild (zumindest in den späteren Ausgaben), und das Saalpublikum tobte. Die Gäste kamen aus einer Sesamtür in der weißen Bienenwabenwand, die die Studiodeko war. Ekkehard Fritsch war der Schiedsrichter („Das ‚Brathuhn' war doppelt!") und Komik-Sarastro in Einem und thronte hinter einem erhöhten Pult, links und rechts je eine Dame, deren eine den Endgewinn – Punkte, die sich in D-Mark verwandelten, und einem guten Zweck zugingen – in Schilling umrechnete, für die ORF-Zuschauer. Später, viel später erfuhr man dann, dass Hänschen Rosenthal die Nazizeit nur im jahrelangen Versteck in einer Berliner Kleingartenanlage überlebt hatte, während sein Bruder und viele andere Verwandte in den Vernichtungslagern starben. Beschämend. Und zumindest ganz peinlich auch, dass sich das ZDF an einem Dalli Dalli-Remake mit Andreas Türck in Rosenthals Rolle versuchte. Mitte der 90er Jahre war das, aber das hat er nicht mehr miterleben müssen.
GrH

Abkürzung DM, bis Ende 1998 Währung und Rechnungseinheit in Deutschland; 1 DM = 100 Deutsche Pfennig (Abkürzung Pf). Die DM-Währung löst nach der Währungsreform mit Wirkung vom 21.06.1948 die Reichsmark (Abkürzung RM) ab. Mit der Währungs-, Wirtschafts- und Sozialunion zwischen der Bundesrepublik Deutschland und der DDR wird die DM zum 01.07.1990 auch in der DDR eingeführt und die Zuständigkeit für die Geld- und Währungspolitik auf die Deutsche Bundesbank übertragen. Im Rahmen der Europäischen Währungsunion wird die DM mit Einführung des Euro am 01.01.2002 abgelöst.

Deutsche Mark

Die D-Mark-Scheine waren menschlich. Keine Bau-Elemente – Gesichter blickten uns an. In der letzten Auflage gaben die Droste-Hülshoff, Maria Sibylla Merian, Clara Schumann und Bettina von Arnim das weibliche Gegengewicht ab zu Gauß, den Grimm-Brothers, Balthasar Neumann und Paul Ehrlich. Zuvor waren die Männer in der Überzahl gewesen. Aber die zwei Frauen waren von Dürer: *Die Junge Venezianerin* auf dem 5-Mark-Schein und die grüne *Elsbeth Tucher* auf dem Zwanziger. Der Herr auf dem Hunderter, „dem Blauen", trug eine Ohrenklappenmütze, wie sie Onkel Hubert schon an kälteren Herbsttagen aufsetzte. Die Bilder auf den deutschen Geldscheinen waren der beste Anlass, zum Brockhaus zu greifen. Wobei noch nicht mal darin Klarheit herrscht. Ob der Tausender den Mathematiker und Astronom Johannes Schöner zeigte oder den Magdeburger Domherrn Johannes Scheyring, weiß man bis heute nicht. Fest steht nur der Maler: Lucas Cranach d. Ä , dem in der neueren Forschung ebenso das *Bildnis eines jungen Mannes* auf dem 10-Mark-Schein zugeschrieben wird. Holstentor, Geige und Klarinette, die Gorch Fock, der Adler, Eichenlaub und Eicheln – alles dahin.

Hans Eichel führte den Euro ein und behauptete, wir bildeten uns nur ein, dass alles teurer wurde. Dagegen war die D-Mark vorbildlich demokratisch gewesen. Eine 2-Mark-Münze zeigte sogar Kurt Schumacher, obwohl der immer nur Oppositionsführer war.

GrH

Diskette

Von heute aus gesehen, also vom Smartphone aus, auf dem sich inzwischen fast das gesamte Weltwissen speichern lässt, ist die Floppy Disk natürlich ein Witz. Übersetzt heißt sie labbrige Scheibe und genau das war sie auch, ein komisches Ding zwischen der Lochkarte und der DVD. Gleichzeitig aber war sie der Einstieg in eine neue Epoche, in das sogenannte digitale Zeitalter. Da die ersten Computer noch nicht über Festplatten verfügten, waren auf den Floppy Disks nicht nur Texte, sondern ganze Programme gespeichert; manche wegen ihrer Größe auf mehreren Disks. Dadurch wurde die Benutzung eines Computers zu einer recht händischen Angelegenheit. Je nach Arbeitsschritt erschien in grüner Schrift auf schwarzem Bildschirm die Aufforderung: Insert Disk. Um eine neue Diskette einzulegen, musste der Nutzer dann einen kleinen Hebel umlegen, mit dem das Laufwerk einer Floppy Disk verschlossen wurde, die alte herausnehmen und eine neue einlegen. Es war auch die Zeit, in der das Kürzel HD erstmals an Bedeutung gewann. HD, High Density, signalisierte die nächste Generation mit mehr Speicherplatz. Die 5,25-Zoll große Floppy Disk wurde sehr bald von der 3,5-Zoll-Diskette abgelöst. Die war nicht nur kleiner, sondern steckte auch in einem festen Gehäuse. Das war nicht so schön anzufassen wie die wabbelige Floppy Disk. Dafür machte es Spaß die kleine blecherne Schutzvorrichtung vorzuziehen und dann zurückschnallen zu lassen.
JH

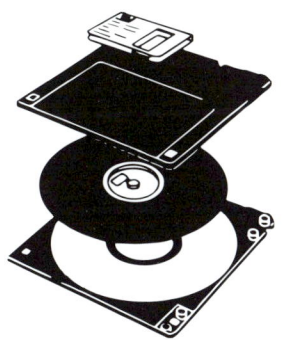

Der austauschbare magnetische Datenträger besteht aus einer dünnen, flexiblen Kunststoffscheibe, die mit einer magnetisierbaren Schicht bedeckt ist und zum Schutz von einer rechteckigen Kunststoffhülle umfasst wird. Die Datenspeicherung erfolgt durch Magnetisierung in konzentrischen Spuren, indem die Diskette mit 360 Umdrehungen pro Minute unter dem Schreib-Lese-Kopf rotiert. Die Diskettenhülle besteht zunächst aus biegsamem dünnen Kunststoff, wird dann durch ein starres Kunststoffgehäuse ersetzt.

Ende der 60er Jahre wird dieser länderübergreifende, garantierte Scheck eingeführt und in Verbindung mit einer EC-Karte in fast allen europäischen Ländern als bargeldloses Zahlungsmittel anerkannt. 1968 einigen sich die europäischen Geldinstitute auf das Logo, die Bezeichnung „Eurocheque" und die Einlösebedingungen. Mit der EC-Karte garantiert die bezogene Bank dem Empfänger eines Eurocheques dessen Einlösung bis zu einem Betrag von 400 DM. Seit dem 01.01.2002 ist diese Garantiefunktion entfallen.

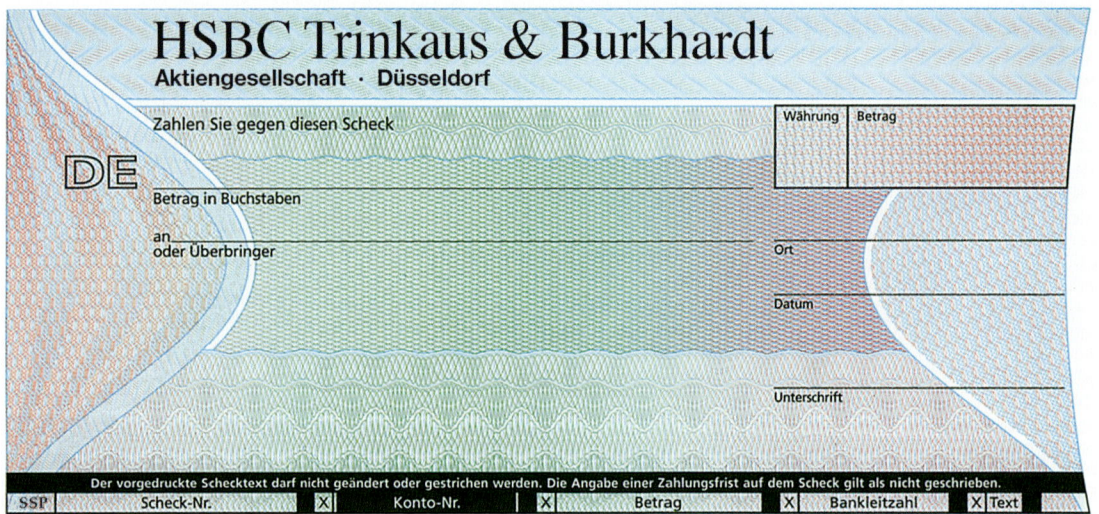

Bitte dieses Feld nicht beschriften und bestempeln

Eurocheque

Das Verwunderlichste am Eurocheque mal gleich zu Anfang:
Er wurde genau in dem Jahr eingestellt, in dem der Euro eingeführt wurde. Also 2002. Das ist verwunderlich, weil er ja
sozusagen der praktisch erlebbare Vorbote der Europäischen
Einigung in Geldsachen war. Ein universelles Zahlungsmittel,
die französisch geschriebene Endung -cheque signalisiert
es schon, einsetzbar in Griechenland, Dänemark, sogar im
ehemaligen Jugoslawien wurde es akzeptiert. Gleichzeitig
war der Eurocheque eine Kreditkarte, bevor es Kreditkarten
überhaupt gab: das Geld, maximal 400 Mark pro Scheck,
wurde ohne Prüfung ausgezahlt. In Urlauben mit den Eltern
und auch den ersten allein, war der Eurocheque nicht nur
einmal die letzte Rettung. Als junger Erwachsener war es
dann auch ein erhebender Moment, einen Scheck aus der
kleinen Plastikmappe rauszuholen und ihn auszustellen. Ein
erster hoheitlicher Akt im neuen Leben eines voll geschäfts-
fähigen Menschen.

Das Problem, das jedoch regelmäßig auftauchte, war vermutlich ein rein persönliches: noch unsicher mit der eigenen
Unterschrift, geschah es nicht nur ein Mal, dass die nicht mit
der Signatur auf der EC-Karte übereinstimmte. Eingeprägt
hat sich das Bild einer älteren Dame, eine Bankangestellte in
Lissabon, 1986. Erst ein prüfender, dann misstrauischer Blick,
schließlich schüttelte sie den Kopf – und der Urlaub, er war
zu Ende.
JH

Fernsehgerät

Als ich ein Kind war, hatten meine Eltern wenig Geld. Sie studierten zu der Zeit noch und wann immer wir einen Film sehen wollten, sind wir zu Freunden gegangen, die einen Schwarz-Weiß-Fernseher besaßen. Ich erinnere mich an wunderbare Abende, besonders, wenn sie mich manchmal allein vor dem Gerät zurückließen, um ins Wohnzimmer zu gehen. *Soylent Green* mit Charlton Heston war einer der Filme, die ich damals vermutlich viel zu jung sah.

Vor Kurzem dann ging mein Fernseher kaputt, nicht ganz neu, aber immerhin schon mit flachem Bildschirm und ausreichend groß. Der Computer war im Büro, ich wollte die Nachrichten sehen, also erweckte ich meinen ersten Fernseher wieder zum Leben. Der Bildschirm ist etwas größer als eine Zigarettenschachtel, das ganze Gerät aber hat das Format eines Schuhkartons, dazu eine Antenne wie bei alten Radios, das Bild: ein flimmriges Schwarz-Weiß. Die Programme lassen sich nicht umschalten, man muss sie noch „reindrehen". Der Anfang war schwer, Caren Miosga in Schwarz-Weiß ist eben nicht Caren Miosga in Farbe (bei Thomas Roth ist das komischerweise anders), doch nach einer Weile funktionierten die alten Reflexe wieder, ich habe sogar einen Spielfilm auf dem Gerät gesehen. Ein Gefühl wie beim Fahren eines alten Autos: etwas kompliziert das Ganze, aber auf eine schöne Art sehr vertraut.
JH

Fix und Foxi

Kaum zu glauben, dass diese Hefte mal *Donald Duck* oder *Micky Maus* Paroli boten: Fuchsrote Zwillingsbrüder, mit jeweils Einträger-Hosen in blau und gelb, die mit einem Wolf namens Lupo befreundet sind, obwohl der so gar nicht dem eigenen Klassenprimus-Image entspricht. Dafür hat der Wolf eine Oma und eine Nichte. Lupo war der Goofy dieses deutschen Comics, der das Altvordere seines Schöpfers Rolf Kauka nicht ganz übertünchen konnte – der kleine Indianer bei der Fix und Foxi-Unterserie *Tom und Biberherz* hieß „Schmutzfuß" – allen Ernstes. Die Anleihen beim Disney-Imperium blieben augenfällig. So hat der Igel Stops, der mit dem Hasen Hops zusammenwohnt, eine Nichte und zwei Neffen im Schlepptau, namens Stips, Staps und Stups – aus Entenhausener Sicht ein einziger Wink mit dem Fähnlein Fieselschweif.

Auffälligerweise blieben die „B-Seiten"-Comics länger im Gedächtnis als die Hauptakteure der Fix und Foxi-Heftchen: *Die Schlümpfe* etwa, oder *Jo-Jo*, der als „Gaston Lagaffe" des belgisch-französischen Zeichners André Franquin später schwer Karriere bei Intellektuellen und Kultcomic-Kennern machte. *GrH*

Rolf Kauka (1917–2000)

Verlegte von 1953 bis 1973 die *Fix und Foxi*-Hefte, in ihrer Blütezeit waren sie mit Wochenauflagen über 400.000 Stück der erfolgreichste deutsche Comic. 1974 verkaufte Kauka den Verlag, 1994 wurde *Fix und Foxi* eingestellt. Kaukas Versuch eines *Fix und Foxi*-Comebacks scheiterte 2000 nach nur drei Ausgaben.

Flipperautomat

Allein schon dieses tuffige, satte Feeling in der Hand, die rechts unten den Ball ins Gehege der elektromechanischen Reizauslöser katapultierte – so selbstbewusst, so verheißungsvoll – und dann setzte sich die Lichter- und Geräuschorgel in Bewegung. Das Schnalzen der gummiringgepolsterten Kontaktpfeiler. Die geliebte, süchtig machende Silberkugel konnte mehrmals hin und her geschossen werden, blitzschnell, worauf sie in elegantem Bogen über die schräg gestellte, bunte Spielfläche schnellte, und dem verderblichen Abgrund zwischen den Flipper-Flößchen gefährlich nahe kam ... Ein Traumgeschoss, dem Rockopern gewidmet wurden. Die „Kästen", wie sie eine unverständige Elterngeneration abfällig nannte, hießen „Easy Rider", „Rocky Balboa" oder „Barbarella" und zeigten jene Ästhetik, die heute in elaborierteren Tattoos wieder auflebt, oder auf sprühlackierten Kühlerhauben tiefer gelegter Autos.

Flipper waren sexy, anders wäre das rhythmische Ruckeln des Beckens nicht zu erklären, das zum Spiel gehörte, tunlichst in engen Jeans, die unten trompetenförmig ausgestellt sein durften, und deren zerschlissener Saum oft Plateau-Absätze verdeckte. Wir waren Jason King, und chillten im Spielsalon. Und erlernten ein neues Wort für Schockstarre: „tilt".
GrH

Flipper-ABC

Bumper – federnde Kunststoff-Schlagtürme

Flipperfinger – Steuerhebel zum Hochschnellen der Kugel

Holes – Mulden oder Löcher im Spielfeld

Plunger – Abschussfeder für die Kugel zu Spielbeginn

Wire Ramps – Rampen, führen Kugeln über die Spielfläche hinweg

Scoops – gebogene Platten, lenken Kugel in Mulden

Slingshots – elastische Gummibandbegrenzungen

Targets – Zielscheiben, die bei Treffern Punkte bringen

Ford Capri

Es war, als wollten die US-Amerikaner von Ford den Europä-
ern den echten Mustang nicht gönnen – der blieb für immer
und ewig ein „amerikanisches Auto". Wir – also Ford Deutschland und die britischen Kollegen – bekamen den Capri. Auch
schnittig, ein echtes Coupé, aber meistens nur in Schockfar-
ben. Allerdings war das Ding auch rallyetauglich, und daher
unbedingt ernst zu nehmen, immerhin fuhren Jackie Stewart
und Niki Lauda auch ganz gerne mal die Rennversion.
Dass man nur nach vorne so richtig gut raus sah, hat man
der ersten Baureihe 1968 nicht übel genommen. Bis 1986
wurde er hergestellt, aber sein Image verfiel rapide, vielleicht, weil er selten ohne Verdeck zu sehen war, vielleicht
klang „Capri Cabrio" damals zu verstottert. Jedenfalls hingen
am Innenrückspiegel des Capri immer öfter ein kleiner
Würfel aus Fell, zusammen mit einem der seinerzeit weit
verbreiteten Gummiskelette, etwa acht Zentimeter hoch, ein
etwas grob gestricktes Schicksalssinnbild. Und an der Antenne prangte, lange Jahre vor jedem Opel Manta, der erste
Fuchsschwanz seit „Lederstrumpf" die Trapperkappe an den
Nagel gehängt hatte.
GrH

Am 21.01.1969 stellen die Ford-Werke in der
Bonner Beethovenhalle einen neuen, sport-
licher Viersitzer vor: den Ford Capri. Das Ba-
sismodell mit 50 PS kostet 6.995 DM; bald
kommen schnellere Varianten wie der RS
2600 mit Sechszylindermotor und 150 PS
auf den Markt. Drei Modellgenerationen folgen aufeinander und halten den Ford Capri
frisch. Bis 1985 laufen insgesamt 1,8 Millionen Ford Capris vom Band, die meisten
von ihnen im Ford-Werk Köln-Niehl – nicht
umsonst wird der Capri als „Kölns größte
Schnauze" verspottet.

Ford Capri-Zulassungen in Deutschland
nach Einstellung der Produktion

01.07.1992	40.679
01.01.2002	5.250
01.01.2013	2.584

Führerschein

„Zum 01.01.1999 wurde in Deutschland ein neuer Führerschein im Scheckkartenformat eingeführt. Damit wurden die früheren nationalen Klassen durch die einheitlichen europäischen Fahrerlaubnisklassen A bis E ersetzt. [...] Seit 19.01.2013 wird die nächste Generation der Kartenführerscheine ausgegeben. Diese Führerscheine sind in der Gültigkeit als Dokument auf 15 Jahre befristet. [...] Nach altem Recht ausgestellte Führerscheine bleiben grundsätzlich bis zum Januar 2033 gültig."

Der „Lappen" – nur wer einmal das lederne, sonnenvergilbte, verwitterte Faltblatt eines alten, grauen Führerscheins befingern und begreifen durfte, erahnt die Bedeutung von Worten wie „Dokument" oder „Urkundenfälschung". Der verstörte Blick des Inhabers auf dem Passbild aus der Fotokabine, der schon seit Jahrzehnten ein ganz, ganz anderes Leben führt, der Stempel vom Amt, die zittrig erregte Unterschrift. Und der Stadtplan- oder Landkarteneffekt – häufiges Auf- und Zusammenfalten ermüdet das Material –, der sich beim Führerschein durch das Einpassen in alle möglichen Brieftaschengrößen einstellte – das ist Patina, das ist wahre Alters- und Gebrauchswürde. Der Fahrlehrer hatte irgendwie gerührt der Übergabe zugesehen, im festen Bewusstsein, nun wieder mit dem nächsten Anfänger am Steuer auf dem Beifahrersitz durch die Innenstadt ruckeln zu müssen. Der Prüfer (beide kannten sich unweigerlich noch von der Bundeswehr her) hatte die ganze Macht seiner Autorität von sich tropfen lassen. Schnell die Erinnerung an die erste Alleinfahrt tilgen. Ist irgendwas im Leben so weit gekommen, zusammen mit uns, immer in der Innentasche des Sakkos, über dem Herzen, sozusagen? Pässe, Personalausweise kamen und gingen und wurden zu Chipkarten. Der Führerschein, der „Lappen", blieb, unhandlich und doch beeindruckend, wie ein Passierschein, den ein Kurier zu Pferde früher vorwies, und dann in ungeahnte Abenteuer weitereilte.
GrH

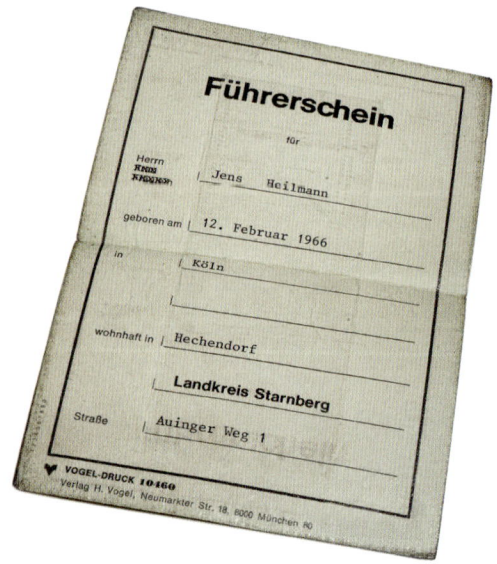

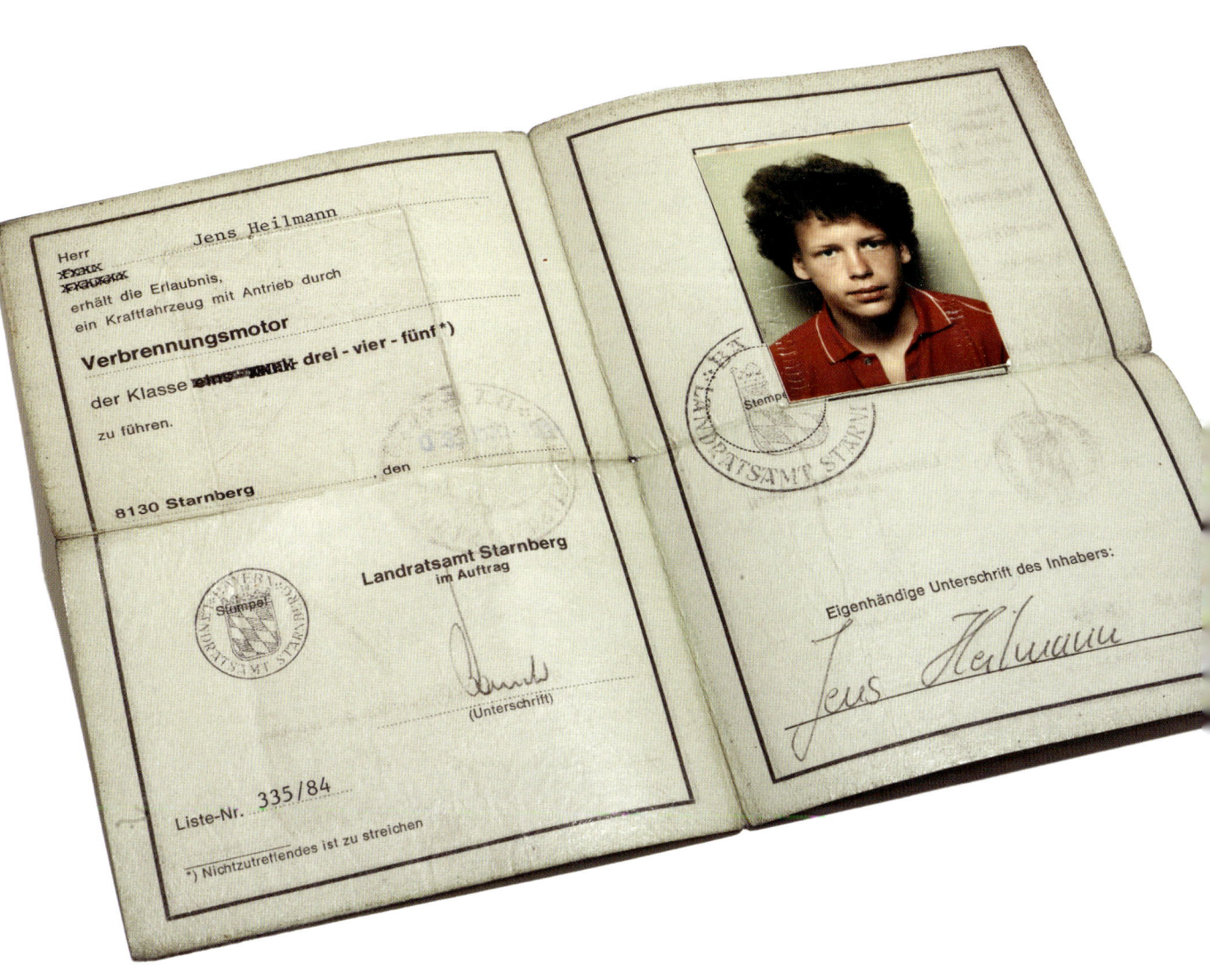

Herr Jens Heilmann

erhält die Erlaubnis,
ein Kraftfahrzeug mit Antrieb durch

Verbrennungsmotor

der Klasse eins ~~zwei~~ drei - vier - fünf *)

zu führen.

8130 Starnberg . den

Landratsamt Starnberg
im Auftrag

(Unterschrift)

Liste-Nr. 335/84

*) Nichtzutreffendes ist zu streichen

Eigenhändige Unterschrift des Inhabers:

Jens Heilmann

Technische Daten
8-Bit-Prozessor, 8 kB-Arbeitsspeicher, 4-Kanal-Stereo-Sound, LCD-Display, 160 x 144 Pixel, 2,6 Zoll, 4 Graustufen, Stromversorgung: 4 AA (Mignon)-Batterien, Maße: 14,8 x 9,0 x 3,2 cm, Gewicht: ca. 300 g (inkl. Batterien)

Game Boy

Eigentlich war das mausgraue Kästchen kaum mehr als ein Taschenrechner mit schrillem Lautsprecher. Hintergrundbeleuchtung gab es für das gefühlt briefmarkengroße Display zunächst nicht, Farben (oder nennenswerte Kontraste) schon gar nicht, und ihre „Apps" führte man der 8-Bit-Minikonsole noch über Cartridges genannte Plastikkarten zu, die meist nur mit viel Glück, dann aber mit zutiefst befriedigendem „Pling!" ansprangen.

Wenn nicht, half ein beherztes Pusten in die Steckkontakte, auch wenn die Bedienungsanleitung davor warnte. Auf dem Game Boy der 1989 vorgestellten ersten Generation schickten wir unter der Bettdecke schon Super Mario durch endlose 2D-Welten, als von dem kindliche Sehkraft rettenden, später als „optionales Zubehör" angebotenen Anstecklicht noch nicht einmal zu träumen war. Unzählige Stunden Tetris folgten – Alexei Paschitnows Klötzchenspiel wurde mit den ersten Game Boys als obligatorisches Bundle verkauft und so zu einem der erfolgreichsten Titel der Videospielegeschichte. Das man übrigens, ein spezielles Verbindungskabel vorausgesetzt, bereits auf zwei Geräten gegeneinander spielen konnte. Den Ur-Game Boy gibt es längst nicht mehr, die anhaltende Faszination des portablen Spielens haben längst ungleich potentere Nachfahren übernommen. An die Magie des ersten ihrer Art aber reicht ihre hochaufgelöste Perfektion kaum mehr heran.

AK

Japanisch: *Gēmu Bōi*, ist eine der ersten tragbaren Spielekonsolen mit austauschbaren Spielmodulen. Entwickelt von Gunpei Yokoi und hergestellt von Nintendo wird der Game Boy 1989 erstmals der Öffentlichkeit präsentiert und erscheint 1990 auf dem deutschen Markt. Zu den beliebtesten Spielen zählen Tetris und die Super Mario-Serien.

HB-Männchen

Der erste „Mad Man" unseres Lebens, immer in weißem Hemd mit Fliege – selbst, wenn er sich über die geöffnete Motorhaube beugte –, unser aller Otto Normalcholeriker, von dem Papa Gott sei Dank nie kapierte, wie ähnlich er ihm war. Der letzte Mensch, der an die Beruhigungszigarette glaubte. Als Notausgang aus dem unendlichen, verschwitzten Kampf mit der Tücke des Objekts. Das HB-Männchen stand schon unter Druck und Volldampf, als die Wörter „Stress" und „Burn-out" noch Englisch waren.

Apropos: Das unverständliche Kauderwelsch, das das Männchen vor dem In-die-Luft-Gehen jedes mal hören ließ, war rückwärts abgespieltes Arabisch, von mal zu mal über die doppelte Normalgeschwindigkeit hinaus beschleunigt. Typisch Wirtschaftswunder, dieser Bruno (so sein Name). Der Höhlenmensch der Herzinfarktgesellschaft, erstmals registriert zu einer Zeit, als im Kino noch Wochenschauen und Vorfilme liefen. Kenner warteten auf den eingeblendeten Schriftzug „Kruse-Film" während dieser kurzen Comicstrips. Waren noch in, oder schon nostalgischer Kult, als niemand, der auf sich hielt, die von ihm angepriesenen Zigaretten noch geraucht hätte. Dabei gehört HB (Haus Bergmann, nach der Dresdener Ur-Fabrik, die einst von BAT gekauft wurde) immer noch zu den meist verbreiteten Marken in Deutschland.
GrH

↓

Der Trickfilmregisseur Roland Töpfer (1929–
1999) erfindet 1957 die häufig von Miss-
geschicken geplagte Figur – die er selbst
„Bruno" nennt –, für die Fernsehwerbung
der Zigarettenmarke HB. Sein als HB-Männchen in die Werbegeschichte eingegangener
rauchender Held verschwindet 1984 von der
Leinwand und aus der Fernsehwerbung aufgrund des Werbeverbots für Rauchwaren.
Verschiedene Sammlungen der Spots finden
sich auch auf *YouTube*.

Kaufhaus Horten (heute Galeria Kaufhof), Heibronn 1971

Horten

Ich durfte ein Jahr lang nicht zu Horten. Hausverbot. Ich war beim Klauen erwischt worden. Das erste Mal Klauen war das, eine Tafel Schokolade. Es ging natürlich nicht um die Schokolade, sondern um Mut. Ich war gerade umgezogen und die Neue in der Klasse, um mich herum lässigere, erwachsenere 14-Jährige als ich es war. Sie bearbeiteten ihre Wrangler-Jeans mit Bimsstein, sodass sie verwaschener aussahen, und trugen dazu die Pullover ihrer Väter. Sie trafen sich mit stadtbekannten Kiffern in einem Lokal namens „Badewanne", hörten *Wish You Were Here* von Pink Floyd und klauten, gelegentlich: T-Shirts, Ohrringe, Schokolade. Wir waren zu zweit beim Schokoladeklauen. Erwischt wurde nur ich. Der Detektiv nahm mich mit in die erste Etage in ein Büro und fotografierte mich von der Seite und von vorn. Er sagte, dass sie meine Eltern anrufen würden. Und dass ich mich ein Jahr lang nicht blicken lassen sollte bei Horten. Die Schokolade nahm er mir wieder ab. Meine Eltern haben nie etwas gesagt. Wahrscheinlich hat er sie nie angerufen. Manchmal sagte meine Mutter: „Kommt Kinder, wir gehen in die Stadt." Damit meinte sie immer Horten. Oder immer auch Horten. Denn da gab es alles, damals, Horten war das eigentliche Stadtzentrum.
Spätestens am Eingang, wo immer warme Luft durch das Gitter nach oben strömte, waren meine Hände schweißnass und klopfte mein Herz wild. Vor meinem inneren Auge sah ich die Pranke des Detektivs auf meiner Schulter landen. Stellte mir vor, wie er mir die Fotos aus seiner Verbrecherkartei entgegenhielt und ich dem entsetzten Blick meiner Mutter nicht standhielt. Die Erleichterung, die mich überkam, wenn mir beim Rausgehen wieder die warme Luft entgegen strömte, war riesig.
Daran muss ich denken, wenn ich in meiner kleinen Heimatstadt bin und sehe, dass es Horten nun nicht mehr gibt. Drei Jahre stand das Gebäude mit der unverkennbaren Wabenfassade in der Innenstadt leer. Dann wurden auch die Waben entfernt. Vier Mieter teilen sich jetzt den Komplex: Toys'R'Us, Primark, Rossmann und ein Fitnessstudio. Es heißt, manche Bürger der Stadt hätten sich eine Wabe gewünscht, als Andenken.
GaH

Die Geschichte der Horten-Kaufhäuser beginnt mit einer sogenannten „Arisierung": Helmut Horten übernimmt 1936 das Kaufhaus „Gebrüder Alsberg" in Duisburg, dessen jüdischer Besitzer vor den Nazis ins Ausland fliehen musste. Horten baut eine Kaufhauskette aus, die 1971 bundesweit 51 Warenhäuser mit 25.000 Mitarbeitern umfasst. Nach wechselvoller Geschichte werden die verbliebenen Horten-Kaufhäuser 1994 von der Kaufhof AG übernommen; bis 2004 heißen einzelne von ihnen noch „Horten", z.B. in Erlangen und Nürnberg. Manche sind bis heute an ihrer charakteristischen Fassade mit den sogenannten „Horten-Kacheln" zu erkennen, die der Architekt Egon Eiermann (1904–1970) für die Horten-Fassaden in Stuttgart und Heidelberg entwarf.

Kassette

Es ist eine dieser Kassetten, die ich nie wegwerfen wollte und die ich doch nicht mehr finden kann. Mein damaliger Freund hatte sie mir aufgenommen, als wir uns ein halbes Jahr nicht sehen konnten. Er war weit weg, es gab keine Mails, keine Handys, nur Briefe und Kassetten, und es dauerte ewig, sie zu schicken (oder zu empfangen). Natürlich waren Liebeslieder drauf. Manche von ihnen sind heute noch toll, vor allem *Jealous Guy* von Roxy Music. Oder *This Is Not a Love Song* von Johnny Rotten. Am tollsten aber war an der Kassette, dass hier und da die letzte Silbe der Anmoderation oder die erste Silbe der Abmoderation des jeweiligen Liedes im Radio noch zu hören war. Manchmal auch nur der Atemzug des Radiomoderators, der zwar versprochen hatte, das Lied ganz durchlaufen zu lassen, es aber nicht ganz aushalten konnte. Das war eine Attraktion von Radiosendungen: Stücke ganz auszuspielen. Viele nahmen ihre Musik vom Radio auf, zum Beispiel während der Sendung „Musik für junge Leute", die im NDR bis Ende der 80er Jahre lief: schräge Stücke für ein Minderheitenpublikum. Und es war eine hohe Kunst, den richtigen Zeitpunkt zu finden, auf die Stopptaste zu drücken. Manchmal schnitt man den letzten Ton ab, aus Panik vor dem nun folgenden Gequatsche. Wenn das ein paar Mal schief gegangen war, ließ man lieber ein bisschen Gequatsche drauf, spulte ganz kurz zurück und hoffte wieder, im richtigen Moment auf Stopp zu drücken. Und wenn sie dann im Radio schon wieder das nächste gute Stück spielten, wurde man schrecklich hektisch und musste es ja wieder aufnehmen. Dann half, möglicherweise, nur noch Schnippeln. Und das gab Bandsalat. Die Kassette, die mein Freund mir aufgenommen hatte, zeugt von all diesen Mühen, die ja eigentlich noch viel toller sind als Liebeslieder. Drum ist es vielleicht auch nicht so wichtig, dass ich sie nicht mehr finde. Ich hab eh kein Gerät mehr, um sie abzuspielen. Und in meiner Erinnerung ist sie wahrscheinlich großartiger als in Echt.
GaH

Erfinder: Lou Ottens, Fa. Philips
Markteinführung: 1963
Größe: 10,16 x 6,35 x 1,27 cm
Bandmaterial: Magnetband, 3,81 mm breit
Kapazität: Je nach Kassettentyp 45–180 Minuten
Geschwindigkeit: 47,625 mm pro Sekunde (Abspielen)
Rauschunterdrückung: Dolby B, Dolby C, Dolby HX Pro
Verkaufte Musikkassetten 1991: 109 Mio. (Deutschland)
Verkaufte Musikkassetten 2013: 400.000 (Deutschland)

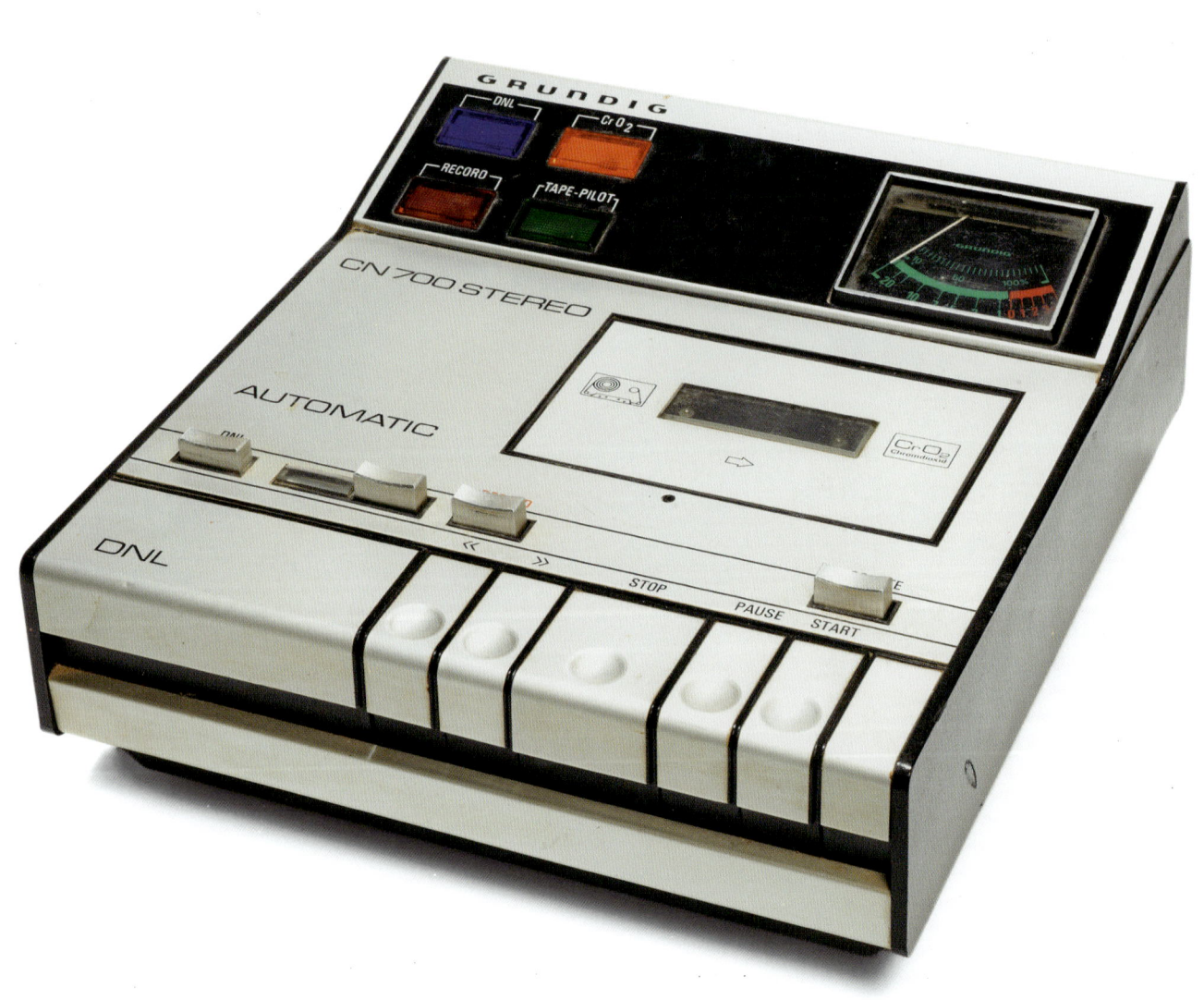

Kassettenrekorder

Sehr viel handlicher als das Tonband des ältesten Bruders, vor allem aber nicht so empfindlich wie der Plattenspieler mit seinem so teuren Saphir am Abnehmer des Tonarms – Kassettenrekorder waren robust, Klappe zu, Mucke ab, und man konnte sie auch ins Auto einbauen! Sie boten die Geburtsstunde des Selfmade-Samplers aus dem Geist der Baumarktslogans: „Mach' deine Musik für deine ganze Party selbst" – nur Lieblingshits, aufwändig hintereinander gehängt, wobei sonderbarerweise immer gegen Ende der langen Kassette das Vergnügen ein wenig schaler wurde, die Auswahl ein bisschen weniger sorgfältig geschah. War ja schon leicht ermüdend, das Aufnehmen. Wobei es Fans gab, die beidhändig „Play" und „Record" gleichzeitig drückten, und andere, die das gestürzte Churchill-V einsetzten, aus Zeige- und Mittelfinger einer Hand. Im eigenen Zimmer stapelten sich die leeren Kassettenhüllen aus Plastik. Und die Clique tauschte wie zuletzt nur bei den Panini-Kickerbildchen. Und kurz vor den großen Ferien bekam die erste Liebe, in einer Mischung aus kaschierter Liebeserklärung und gewagtem Geschmacksstriptease, die 90er-Kassette mit der eigenen Hitparade – für ihren hoffentlich letzten Urlaub mit den Eltern.
GrH

Die Hauptfunktionen sind einfach: Start (Play/Record) – schneller Vorlauf – schneller Rücklauf – Stop – Pause. Nach 30 oder 45 Minuten wird die bis zum Ende abgespielte Kassette umgedreht. Branchenkenner erklären den einzigartigen Erfolg der Kassette- und Kassettenrekorder als Medium der 70er, 80er und 90er Jahre damit, dass es sich um das bis dahin billigste und praktischste Format handelt. Die gleiche Begründung gilt für das MP3-Format. Es ist jedenfalls nicht die Klangqualität.

↓

Der kompakte, mechanische Verkaufsauto-
mat für Kaugummikugeln taucht in den
Nachkriegsjahren in Westdeutschland auf.
Süßigkeiten sind noch rar, so werden an
Außenwänden etwa auf Schulwegen, in der
Nähe von Bus- oder Bahnhaltestellen die far-
bige Automaten angebracht. Gegen Einwurf
einer 10-Pfennig-Münze geben sie mittels
Drehmechanismus eine harte Kaugummi-
kugel frei. Selbstbedienungsautomaten –
etwa für Süßwaren und Getränke – erleben
heute wieder einen spürbaren Aufschwung
(z.B. auf Bahnsteigen oder in Kantinen), jetzt
aber immer mit elektrischer Funktionsweise.

Kaugummiautomat

Sie verschwanden ganz offenbar aus dem Straßenbild, um
das Verhältnis zwischen Kindern und Aufsichtspersonen
zu entzerren. Denn der Weg zum Kindergarten konnte lang
werden, sehr lang, weil jeder Kaugummiautomat die Ver-
heißung bedeutete, der vorige Benutzer könne den zweiten
bunten Ball nicht bemerkt haben, der mit einem 10-Pfennig-
Stück dem feuerwehrroten Apparat abgeschwatzt worden
war. Die Hoffnung trog fast immer, sie stirbt aber bekannt-
lich erst dann, wenn die Mutter die Geduld verliert, weil
sie noch das Abendessen machen muss. Oft war auch ein
Geldstück stecken geblieben, und der Hebel würde sich
vielleicht dann weiterdrehen, wenn ausgerechnet man selbst
es probierte ...
Erstaunlich hart waren die Kaugummikugeln oft, vor allem
auch erstaunlich kalt bisweilen, wenn man hineinbiss, wich
die splittrige Süße auf den Zähnen schnell einem morastigen
Mampfen im Eintönig-Klebrigen. Außerdem kam immer eine
andersfarbige Kugel als die, die man sich erhofft hatte. Und
doch blieb der Kaugummiautomat der verheißungs- und ge-
heimnisvollste Kasten von allen im Straßenbild: nie, wirklich
nie, hat – ganz im Gegensatz zum Briefkasten, dem Zigaret-
tenautomaten oder dem Zeitungsdiener – ihn irgendjemand
befüllt oder geleert.
GrH

# 57 |

Klementine

Der Werbespot als getarnte Vorabend-Serie: Immer eine abgeschlossene Geschichte, wie die Cartoons in der Sendung mit der Maus. (Und sehr viel mehr ist in der *Lindenstraße* eigentlich auch nicht los.) 16 Jahre lang kam Johanna König den Hausfrauen zu Hilfe, die mit der Schmutzwäsche nicht mehr fertig wurden. Rollte gemütlich als Klementine an, kumpelhaft in weißer Latzhose und rot-weiß kariertem Bergwanderhemd. 16 Jahre lang pries sie das „neue" Ariel an. Neu war etwa, dass Mutti es auch in den „Hauptwaschgang" streuen konnte. Obwohl es doch in erster Linie zum „Reinweichen" gedacht war. Klementine war anders als der trickgezeichnete Augenzwinkerer Meister Proper aus der Muckibude, und auch als diese Schießbudenfigur von „Der General", der zu den Klängen von *Stars and Stripes Forever* Orden und Schulterklappen an die Trevira-Bluse sprangen. Klementine war unser zuversichtlicher Haushalts-Luftgeist, gerüstet mit Schildmütze für den Sturm in der Trommel, der nicht nur sauber macht, sondern rein.

Dass Johanna König eine Schauspielerin von hohen Graden war, zeigte sie in vielen Kinofilmen, und auf dem Bildschirm unter anderem als eine von *Drei Damen vom Grill* oder in der *Praxis Bülowbogen*. Da hatte der Rolling Stone der Waschpulverwerbung richtig im Vorabend festgemacht.
GrH

Mit dem Spruch „Nicht nur sauber, sondern rein" wirbt Johanna König alias Klementine von 1968 bis 1984 für das Waschmittel Ariel. Die Schauspielerin und Tänzerin Johanna König (1921–2009) wird zur Werbeikone für die Strahlkraft des Hauptwaschgangs.

Klick-Klack

↓

Eine Hamburger Erfindung?

Der Hamburger CDU-Bürgerschaftsabgeordnete Hansjoachim Prahl sieht bei einer Afrikareise Kinder mit Avocadokernen an einer Schnur spielen. Zurück in Deutschland, lässt er sich das Spielzeug unter dem Namen „Big-Clicker" patentieren und verkauft weltweit rund 10 Millionen Stück. Im Sommer 1971 werden die Kugeln wegen der Verletzungsgefahr von der Hamburger Schulbehörde verboten.

Fast gleichzeitig mit dem Gimmick selbst, dem Klick-Klack-Kugelgehänge, schlugen die Warnhinweise bei uns auf. Vorsichtig, aber unverdrossen machten wir uns an die ersten Übungseinheiten: Stimmt, die Kugeln taten empfindlich weh, wenn sie auf Elle, Speiche oder Handgelenkinnenseite prallten. Aber ob wirklich schon Leute tot umgefallen wären beim Klicken und Klacken? Es brachte doch kaum jemand fertig, dass die beiden Kugeln nicht nur unter der sie haltenden Hand – Daumen und Zeigefinger trugen den Haltering, woran die Enden der Kugelschnüre geknüpft waren – zusammenstießen (eher leicht), sondern auch über dieser Hand (quasi unmöglich). Angeblich klappte das Klacken, wenn man im richtigen, allerdings sekundenbruchteilkurzen Augenblick die Haltehand scharf abwärts riss. Die Besten, die viel Zeit zum Üben hatten, brachten dann vielleicht fünf Sekunden lang ein Geräusch zustande wie das Hintergrundklatschen bei den Liedern der Gypsy Kings (nur lauter), dann aber verfehlten sich die beiden Kugeln garantiert wieder und trudelten bedrohlich an ihren Fangarmschnüren umher.

Jede halbwegs geübte Kastagnettenspielerin hätte den gleichen Sound völlig schmerzfrei und in viel höherer Frequenz erzeugt (und dabei noch gesungen und getanzt), aber kein Trend ist so gefährlich, als dass man nicht zumindest einen Sommer lang mitmacht.

GrH

Kugelkopfschreibmaschine

Der Kugelkopf ist ein Zwischending. Davon gibt es viele in der Entwicklung der Menschheit, ihnen wohnt etwas Genialisches inne – brechen sie doch mit dem Gewohnten – und sie sind eine Meisterleistung der Ingenieurskunst. Da sie aber nicht die wirklich beste Lösung eines Problems sind, währen sie nur für eine bestimmte Zeit. Der Walkman zum Beispiel war auch ein Zwischending, großartig, weil er die Musik für jeden auf die Straße brachte, inzwischen aber abgelöst von MP3-Spieler und Smartphone. Die Kugelkopfschreibmaschine wurde in der Tat ein „Sekretärinnentraum" (IBM-Werbung). Die Tastenhebel konnten sich beim Schreiben nicht mehr verhaken, es gab ja keine, und endlich war es möglich, unterschiedliche Schrifttypen zu verwenden – einfach indem der Kugelkopf gewechselt wurde. Der sah nicht nur futuristisch aus, er drehte und neigte sich je nach Buchstabenwahl, so, als ob magische Kräfte am Werk waren. Da wundert es kaum, dass in der Fantasy-Agentenserie *Fringe* mit dem Kugelkopf Nachrichten in eine andere Dimension gesendet werden. Das war sogar nahe an der Realität: In den 80er Jahren hatten sowjetische Agenten Abhöreinrichtungen in Kugelköpfe eingesetzt, mit denen in der US-Botschaft in Moskau gearbeitet wurde. So wussten sie stets, was der Gegner zu Papier brachte.
JH

Frau Mayer ist 1961 die baden-württembergische Meisterin im Maschineschreiben. Sie betrachtet hier die neue IBM-Schreibmaschine mit neuartigem Kugelkopf.

International Business Machines Corporation (IBM) bringt im Herbst 1961 in Europa eine neue elektrische Schreibmaschine auf den Markt. Die bisher üblichen Typenhebel sind durch einen runden Schreibkopf in Tischtennisballgröße ersetzt, der nach allen Seiten beweglich ist und automatisch in die richtige Anschlag-Position gesteuert wird. Mit diesen Kugelkopfmaschinen sind rund 930 Anschläge pro Minute gegenüber 600 Anschlägen auf traditionellen elektrischen Schreibmaschinen möglich.

Letraset

Zugegeben, das Letraset gibt es streng genommen noch; für knapp drei Pfund Sterling pro Bogen kann man es bei dem gleichnamigen Hersteller bis heute ordern. Vier Schriften in verschiedenen Schnitten haben die Briten im Angebot, schwarz auf transparenter Transferfolie, von der sich die Buchstaben einzeln abreiben lassen. Und zwar auch auf so ziemlich alles, was sich nicht durch den heimischen Drucker jagen lässt. Der freilich lag 1961, als die Rubbelllettern auf den Markt kamen, ohnehin noch in weiter Ferne. Abgesehen von Schablonen war es das erste Mal, dass sich professionell wirkende Schriftzüge so einfach auf Einladungskarten, Hinweisschilder und so ziemlich alles andere übertragen ließen – was Kindergärtner und Grafikdesigner gleichermaßen ansprach und auch uns Fünfjährige zu allerlei Experimenten inspirierte. Leider mit zumindest in einem Fall enttäuschenden Ergebnissen: Auf unseren Gesichtern wollten die schwarzen Typen beim besten Willen nicht halten. Und das, wo sie doch ganz offensichtlich genau dafür bestimmt waren. Erfolg hatte der Hersteller trotz dieses unerklärlichen Missstands, und sogar den Sprung in die Digitalisierung überstanden die Briten, indem sie früh mit der Entwicklung digitaler Fonts anfingen. Außerdem entstehen in London heute professionelle Farb- und Markierstifte in allen erdenklichen Farben und Größen. Und mit denen hat Letraset auch seinen einzigen großen Makel überwunden: Die Neon-, Metallic- und Wassermarker sind nämlich auch mit Kindergesichtern kompatibel. *AK*

Vor der Einführung des PCs konnten unterschiedliche Schrifttypen und -größen nur in Druckereien zu Papier gebracht werden. Letraset-Buchstaben waren für Grafiker die einzige Möglichkeit, Schriftschnitte zu testen, Entwürfe anzufertigen oder Papier auf einfache Weise „ordentlich" zu beschriften.

MAD

Das amerikanische Satiremagazin erscheint von 1967 bis 1995 in einer deutschen Ausgabe als *Deutsches MAD* im Williams-Verlag. Verleger ist Klaus Recht und Chefredakteur Herbert Feuerstein (bis 1992). Die monatlich erscheinende werbefreie Zeitschrift arbeitet neben den amerikanischen Beiträgen, die übersetzt werden, mit deutschen Autoren und Zeichnern. Seit 1998 gibt es ein neues *MAD*, das seit 2002 im Panini Verlag erscheint.

Es hätte allen eingeleuchtet, wenn sich ein deutsches Satiremagazin nach dem Militärischen Abschirmdienst genannt hätte. Aber *MAD* war nur die deutsche Ausgabe des US-Mutterhefts. Spätestens mit Herbert Feuerstein als Chefredakteur erreichte *MAD* seine Leser auf der ganzen Linie – respektlose Jungs, die schon etwas Nerd-artiges hatten, aber gleichzeitig noch voll infantil sein konnten. Jedenfalls hatten sie nichts gegen die seelische oder körperliche Abhängigkeit von Druckerzeugnissen.

Man stellte sie sich immer vor wie Alfred E. Neumann selbst – von dem es heißt, er sei schon im 19. Jahrhundert in den USA aufgetaucht, aber das ist vermutlich eine Ente. *MAD* war frech („Die große Shit-Parade") und werbefrei – die neuaufgelegte Ausgabe ist das nicht mehr – und in den Stories und Witzen grenzdebil bis schwer genieverdächtig („Spion und Spion"). Außergewöhnlich war die Selbstverarschung, die *MAD* – „das intelligenteste Magazin der Welt" – kultivierte. Mädchen hat man nie *MAD* lesen gesehen. Es kamen ja auch frauenfeindliche Witzchen vor, wobei *MAD* selten vergaß, sich über männliches Balzverhalten zu mokieren. Lechz. *GrH*

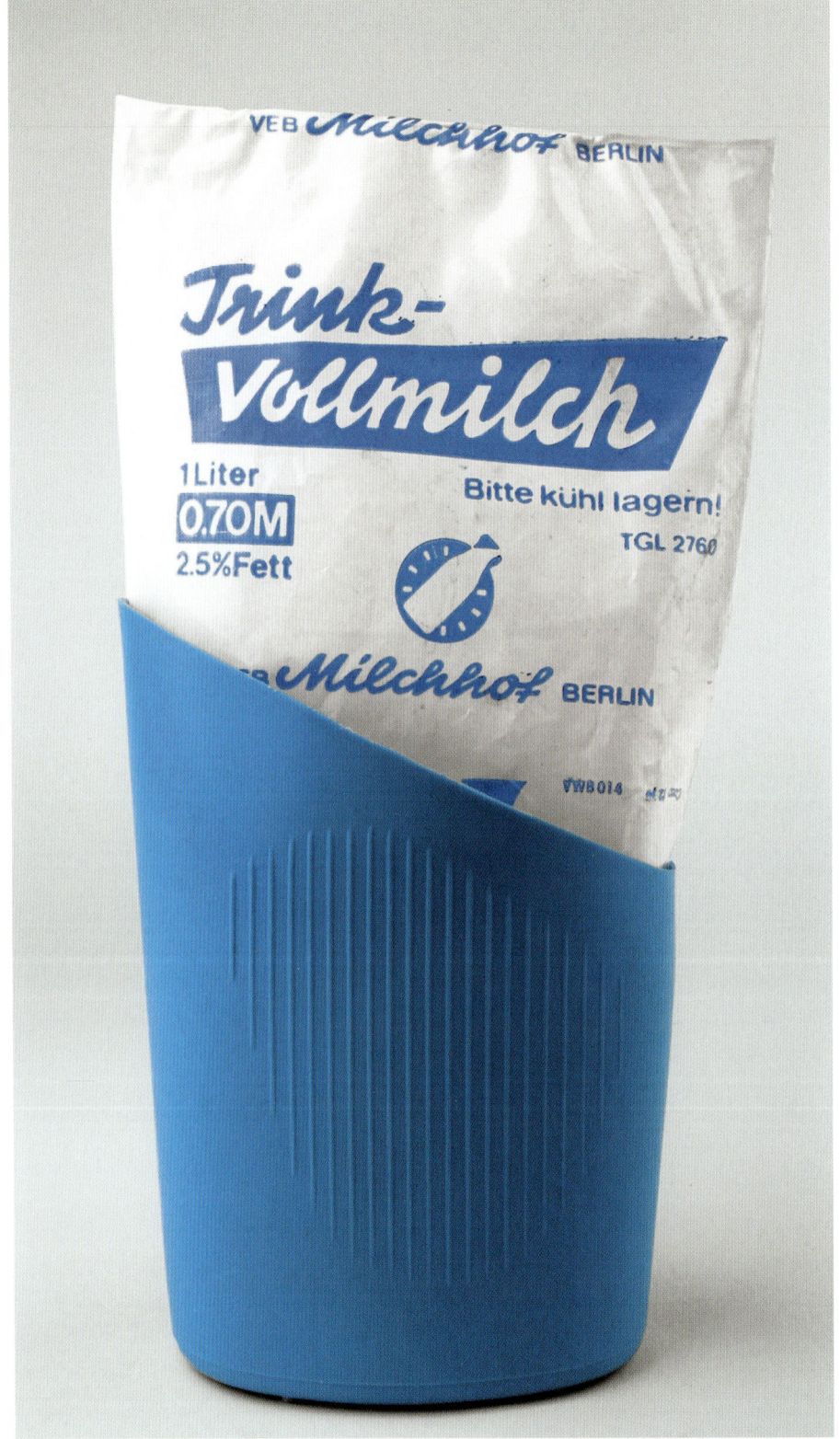

Milchtüte und -halter

Als ALDI die Milchtüten noch lose übereinander gestapelt hatte, und jedermann zugreifen sollte, hinein in den von weißen Tropfen gezierten Großkarton, fühlte sich mancher Erwachsene an die Ära der CARE-Pakete erinnert. Das hatte entschieden etwas von Lebensmittellieferungen ins Katastrophengebiet. Erst der Halter, dazugehörig, aber erst nach einer Weile gewissermaßen dem Markt nachgeliefert, gab dem Ganzen wieder Halt und Haltung. Er war etwa halb so hoch wie die Milchtüte selbst und befestigte sie für den Zugreifer oder Eingießer aufs Angenehmste: Das leidige Überschwappen ging zurück. Es war dem unterlaufen, der unten zu doll in die Milchtüte gedrückt hatte. (Hier muss man wissen, dass man damals noch die Vor- oder bestenfalls die Anfangszeit der Küchenrolle schrieb.)

Die meisten Halter (es gab verschiedene Modelle, die von Discounter zu Discounter variierten) waren mit einem steigenden Rand versehen. Das Tüteneck, das über dem höchsten Randstück saß, war abzuschneiden. So setzte sich die vermutlich ökologisch am schlechtesten abbaubare Verpackung in der Geschichte des Milchtrinkens bei Lichte besehen aus drei Bestandteilen zusammen. Ganz nach dem Motto des zeitgenössischen Werbeslogans für den Pfeifentabak von Stanwell brauchte der milchtrinkende Mensch drei Dinge: Tüte, Schere, Halter.

GrH

Wie die Milch zum Verbraucher kommt (eine Auswahl)

ca. 5000 v. Chr.– ca. 1920:	Tonkrug
ca. 1500–1880:	Holzeimer
ca. 1870:	Milchkanne aus Metall
seit 1880:	Kondensmilchdose
ca. 1890:	Milchflasche
1953:	tetraederförmiger Milchkarton
1965:	quaderförmiger Milchkarton
ca. 1970–1990:	Milchbeuteltüten aus Kunststoff
ab 2010:	Calymer Schlauchverpackungen

Mobiltelefon

Die Telefonie hat viele Zäsuren erlebt. Mit Schnur und ohne Schnur, Wählen oder Drücken, Rauschen oder nicht-Rauschen. Das C-Netz-Mobiltelefon markiert dabei den Endpunkt einer ganz bestimmten Eigenschaft. Von Anbeginn war Telefonieren auch immer eine kleinere oder größere Kraftanstrengung. Das fing mit der Kurbel an, die man bei den frühen Telefonen noch bedienen musste, es ging weiter mit der Wählscheibe, die besonders dann, wenn besetzt war, auf den Fingermuskel gehen konnte. Das C-Netz-Mobiltelefon, volkstümlich auch als „Knochen" bezeichnet, war ebenfalls ein Arbeitsgerät in zweifacher Hinsicht: man konnte mit ihm arbeiten, es machte aber auch Arbeit. Denn es war schwer, in machen Ausfertigungen wog es ein halbes Kilo; lange Gespräche waren damit auch unabhängig vom Inhalt anstrengend.

Doch für die neue Freiheit, die es bot, war man gerne bereit, diesen Preis zu zahlen. War doch der Knochen das erste wirklich mobile Telefongerät, das nicht nur Politikern, Diplomaten oder Michael Douglas alias Gordon Gekko in *Wall Street* vorbehalten war.

JH

↓
Das Mobiltelefon (Handy) zeichnet sich als tragbares Telefon dadurch aus, dass über Funk im Telefonnetz kommuniziert werden kann. Es funktioniert nach Einsatz einer SIM-Karte in das Gerät, über die ein Zugang zum Mobilfunknetz geschaltet wird. Das sogenannte „C-Netz" (Funktelefonnetz-C) ist das dritte analoge, zellulare Mobilfunknetz der deutschen DeTeMobil (früher Deutsche Bundespost) und die letzte Gerneration. Es besteht von 1985 bis 2000 und wird nur in Deutschland, Portugal und Südafrika eingesetzt.

3 Musketiers

Die Riege der Riegel in der Kindheit war lang: Mars, Milky
Way, Nuts, Snickers, Caramba und eben 3 Musketiers. Dieser
unterschied sich von allen anderen schon einmal dadurch,
dass der Riegel viel länger war und dadurch größer wirkte.
Er war auch viel flacher als die anderen, trotzdem hatte man
immer das Gefühl, das bessere Geschäft gemacht zu haben.
Blieb dann ein Rest an kalten Tagen zu lange im Schulranzen,
wurde das Geflecht aus Schokolade und Karamell so hart,
dass es fast zu zerspringen drohte, wenn es runterfiel. Am
besten schmeckte 3 Musketiers bei einer Temperatur um die
20 Grad; eine etwas zähe Süßmasse war es dann, die sich
wie ein Kaugummi ewig dehnen ließ.
Der Name irritierte, war es doch im Kanon der Riegel fast
der einzige, der keine amerikanische Bezeichnung trug. Das
schreckte etwas ab – einerseits. Andererseits war es auch
ein ewiges Rätsel, was nun das 3-Musketierhafte an dem
Riegel sein sollte. Dass er Kraft für drei Musketiere spende-
te? Dass auch ganze Kerle mal etwas Süßes wollen? Auch
der Produktslogan half da nicht wirklich weiter: „Lang wie
ein Degen, süß wie eine Prinzessin." Vielleicht hätte man
den mal im Deutschunterricht erörtern sollen.
JH

Klebrige Konkurrenz
3 Musketiers
Hersteller: Mars, Deutschland, um 1975,
Preis: 30 Pfennig
Leckerschmecker
Hersteller unbekannt, Deutschland und
Österreich, um 1975
Curly Wurly
Hersteller: Cadbury, in Großbritannien
heute noch erhältlich

Pan Am

Betrachtet man das Logo von Pan Am etwas genauer, lässt sich im Prinzip alles darin erkennen, was diese wunderbare Fluglinie ausmachte. Der Pioniergeist mit einem nicht weniger als weltumspannenden Anspruch; das Klassische, das sich in der ozeanblauen Farbe und den Breitengraden nachempfundenen weißen Schwüngen zeigt. Und dann natürlich der Name, der sagt: Erde, sei umarmt – Pan American World Airways. Pan Am steht für eine Zeit, in der Piloten noch die Herren der Lüfte waren und Stewardessen noch Stewardessen und nicht „Saftschubsen" genannt wurden. Mit Pan Am hat sich der Flugverkehr noch nicht den harten ökonomischen Anforderungen gebeugt, denen er heute unterliegt. So war als Student etwas heute schier Unglaubliches zu erleben: Aus Caracas kommend war in New York der Flug nach Berlin überbucht, das Bodenpersonal suchte nach Freiwilligen, die bereit wären drei Stunden auf den nächsten Flug zu warten. Der Ausgleich dafür: ein Blanko-Ticket, gültig für drei Jahre, an jeden Ort der Welt, an den Pan Am flog. Klingt heute wie ein Traum.
JH

Die US-amerikanische Fluggesellschaft wird 1927 von Juan T. Trippe in Key West, Florida, gegründet. Als eine der ersten Fluglinien bietet sie interkontinentale Flüge an und besitzt ein weltumspannendes Streckennetz. Zunächst firmiert Pan Am unter dem Namen Pan American Airways, im Januar 1950 wird sie in Pan American World Airways umbenannt. Ende der 50er Jahre führt Pan Am das Globus-Logo als Markenzeichen ein. Pan Am ist die größte Fluggesellschaft der USA, bis ihr Betrieb 1991 eingestellt und das Unternehmen von Delta Air Lines übernommen wird.

Parkuhr

Die Erinnerung an die Parkuhr ist vor allem von zwei Gedanken bestimmt: der stetigen Suche nach Kleingeld; in manchen Autos früherer Bauart gab es in der Mittelkonsole sogar ein paar eingestanzte Rillen, in denen man die Groschen, Fünfziger oder Markstücke zum Parken sammeln konnte. Das ist der nervige Teil der Erinnerung. Der schöne ist der kleine Widerstand, wenn einer die Münze in die Parkuhr steckte. So erst wurde die Uhr zum Leben erweckt, dann ein Geräusch, das sich bei einem häufigen Autofahrer eingebrannt hat. Dieses metallische Schnarren, wenn die Parkuhr nun mechanisch die Zeit einstellte. Es klang wie eine zu groß geratene Eieruhr und, wenn man dann unterwegs beim Einkaufen war, erinnerte einen das Schnarren im Kopf immer daran, nicht die Parkuhr zu vergessen.

Heute ist das Parken vielleicht schwieriger geworden, mehr Autos balgen sich um weniger Parkplätze. Die Parkuhren aber sind bequemer geworden, nebensächlicher, ein kleiner Papierzettel hinter der Frontscheibe. Und eben auch lautlos. So wie viele geräuschvolle Dinge aus der Zeit der Parkuhr nun geräuschlos geschehen. Das flirrende Klappern der Anzeigetafeln auf Flughäfen zum Beispiel ist ebenso verschwunden wie das metallische Schnarren. Nur im Kopf, da bleibt es.
JH

1954 installiert Duisburg als erste Stadt Deutschlands Parkuhren. Mit der Währungsumstellung 2001 weichen die letzten mechanischen Einzeluhren digitalen Parkscheinautomaten. Als eine der letzten Städte Deutschlands betreibt Solingen noch heute rund 70 Parkuhren, in die 50-Cent-Stücke einzuwerfen sind.

Persico

Auf der ersten Fete, auf die ich in meiner neuen Stadt eingeladen war, kannte ich kaum jemanden. Ich schwärmte für einen Peter, Mittelscheitel, blonde Spaghettihaare, Hände in den Hosentaschen. Mimik und Gestik signalisierten eine gewisse Unnahbarkeit. Es wurde getrunken: Altbier und Persico. Persico war ein tiefdunkelrotes, klebriges, liköriges Gesöff, das man aus Pinneken trank, so nennen sie dort Schnapsgläser. Es schmeckte sehr nach Kirsche und kaum nach Alkohol, hatte aber so etwas wie 25 Prozent.
Leider musste ich die erste Fete in meiner neuen Stadt sehr plötzlich und ohne Peter verlassen. Kein sehr guter Anfang. Noch ein paar Jahre lang begegnete ich Peter auf vielen Feten, und auch ohne zu viel Persico zu trinken, kam ich ihm nicht näher. Irgendwann wollte ich auch nicht mehr.
Eine Fete ohne Persico war damals gar nicht denkbar. Persico war billig und irgendwie cool, auch weil ständig darüber geredet wurde, dass er eigentlich verboten sei, wie Absinth. Natürlich wusste keiner, warum. Und natürlich machte sich auch keiner die Mühe, mehr darüber herauszufinden.
Heute weiß ich: Beim Verarbeiten von Steinobst entsteht Blausäure, die gesundheitsschädlich ist. Es war jedoch auch damals schon längst blausäurefreier und ungefährlicher Persico, den wir auf unseren Feten tranken.
GaH

Persico-Cocktail
Zutaten:
4 cl Wodka
2 cl Persico
1 cl Holundersirup
1 cl Zitronensaft

Etwas Crushed Ice in einen Cocktailshaker geben und mit Wodka übergießen. Nacheinander Persico, Holundersirup und Zitronensaft dazugeben und kräftig schütteln. In einem Cocktailglas mit Limette und Strohhalm servieren.

↓
Die erfolgreichsten Modelle
Zu den bekanntesten Pocketkameras für
16-mm-Kleinstbildfilme gehören die Kodak
Pocket Instamatic (ab 1972), die Rollei A110
und die Agfamatic-Kameraserie, die mit ihrem Slogan „Ritsch-Ratsch-Klick" berühmt
wurde.

Pocketkamera

Junge Leute machen Ritsch-Ratsch-Klick und Ritsch-Ratsch-
Klick und Ritsch-Ratsch-Klick, einfach schnalzen lassen, die
Kamera, und schon ist sie wieder scharf – das war professioneller Umgang mit dem Gerät und klang fast wie das
Blitzlichtgewitter bei einer Pressekonferenz, passte aber in
jede Hosentasche. Einfach immer dabei, die Mitnehm-Ka-
mera, rechteckig, praktisch, gut. Ritsch-Ratsch-Klick. Sogar
eigene Blitzwürfel hatten die Pocketkameras, die herkömm-
lichen konnten die meisten aber auch verwenden. Und
der knallrote Auslöser, der Drücker, dem Mittelpunkt einer
Dartscheibe nachempfunden, der das Fingerchen fast schon
so trigger-happy machte wie heute, da jedes Handy besser
fotografiert, aber kaum einer mehr Fotos entwickelt und
als Papierabzug in die Finger kriegt! Jetzt fotografiert jeder
immer, meistens aber nur, um zu zeigen, dass man auch
ganz schnell ein Foto machen kann – die Menschheit ist ein
einziges großes Ritsch-Ratsch-Klick geworden, aber Fotos
zusammen anschauen, von einer Hand in die nächste, das
gibt's nicht mehr, heute stellen sich zwei zusammen und
beugen sich übers Display und ein Daumen wischt von links
nach rechts, Wisch-Wisch-Wisch, und das alles und noch viel
mehr passt erst recht in jede Hosentasche.
GrH

Polaroidkamera

Früher waren es Oma am Sonntagnachmittag und Papa am Pillersee, heute sind es bloß noch ein paar Hipster in Karohemden, die sich freiwillig Kästen umhängen, die aussehen, als stammten sie aus der Frühzeit der Fotografie. Einige wenige davon sind tatsächlich noch übrig, und die sündhaft teuren Filme gibt es auch wieder: Die Rede ist von der 1947 erfundenen Sofortbildkamera. Narrensicher und kinderleicht schenkte sie uns ein Quäntchen der Magie, die bis dato nur wenige Eingeweihte aus dem Fotolabor kannten: Ein bisschen Gewedel, und schon entstand auf dem kleinen, knapp acht mal acht Zentimeter großen, weiß gerahmten Träger wie von Zauberhand ein Bild. Auch wenn es selten scharf ausfiel, und Farbtreue ungefähr so weit davon entfernt lag wie der Pillersee von den Bahamas.

Die unförmige Polaroidkamera mag beinahe ausgestorben sein, ihr Erbe und die Sprache ihrer Bilder sind so erfolgreich wie nie. Immerhin hat Instagram nicht nur das fast vergessene, quadratische Format wiederbelebt, sondern auch die Vielzahl von Unzulänglichkeiten und Fehlern – Farbverschiebungen, Vignettierung, Lichtlecks etc. – zum fotografischen Must-have erhoben. Irgendwie scheinen wir dem Charme des Analogen viel zu verfallen, als dass wir ihn der digitalen Präzision ganz opfern wollten. Nur das Wedeln (das im Übrigen völlig überflüssig war) und den weißen Rahmen, der sich so hübsch mit Edding beschriften ließ, die gibt uns keiner mehr zurück.

AK

↓

Sofortbildfotografie ist ein Verfahren, bei dem sofort nach der Aufnahme durch einen in den fotografischen Schichten ablaufenden chemischen Prozess ein fertiges positives Bild als Unikat entsteht. Nach Patentauseinandersetzungen sind ab 1986 nur die auf E. H. Land und Mitarbeiter zurückgehenden Polaroid-Verfahren auf dem Markt. Polaroid-Materialien werden als Pack-, Plan- und Rollfilme hergestellt, sowohl für spezielle Kameras als auch für Kassetten, die an großformatige Fachkameras ansetzbar sind. Die Produktion des Polaroid-Films wird 2008 eingestellt, im Mai 2010 jedoch wieder aufgenommen aufgrund von Nachfrage und Retro-Trends.

München, 20. Juni 1985 2,80 DM
Printed in West Germany

Lisa Seidel, 33

Elvira Fuß, 37 · Britta Steffan, 36

Gaby Färber, 35

Aline Verga, 35

Tempolimit

Neuer Anfang

Die Frau um 35
Ihre Wünsche und ihre Sehnsüchte

Was nun, Herr Zimmermann

Wendy Charnwitz, 36

Anne Jahn, 36

Quick

Nach welcher Illustrierten greifen Sie im Wartezimmer? Heute bestimmt zur *Gala*. Ein bisschen peinlich, aber na ja. Sieht ja niemand von Ihren Bekannten. Und was Richtiges liest man nicht mehr, kurz vor der Wurzelbehandlung. Bilder gucken, das geht. Hier vielleicht der Hinweis: Heranwachsende Jungmänner hatten in grauer Vorzeit praktisch nur drei realistische Chancen, mit unangreifbarer Erlaubnis nackte Brüste zu sehen: *Klimbim* im Fernsehen, *Stern* oder *Quick* im Wartezimmer. (Kaum ein Doktor ließ *Praline* auslegen.) Es kam also der Tag, wo man ruhig auch alleine zum Zahnarzt ging, ohne Mutter oder ältere Schwester. Dieses rote Quadrat links oben auf dem Titel, worauf kaum eine Illustrierte verzichtet, bis heute, lenkte den stets leicht hastigen Zugriff auf sich. Dass *Quick* für spätere Branchengrößen der Fotografie ein gutes Sprungbrett war, bemerkte nicht jeder Gelegenheitsleser. Schließlich wollte keiner von ihnen so wirken, als schaue er besonders genau hin. Und der Beziehung zum Zahnarzt war *Quick* auch nicht förderlich: Zur Angst kam nun noch der Ärger, von seiner Sprechstundenhilfe beim Gucken gestört zu werden.
GrH

↓

Erstausgabe:	25.04.1948
Verlag:	Heinrich Bauer Verlag (ab 1966)
Erscheinen:	wöchentlich
Startauflage:	110 000 Exemplare
Auflage 1967:	ca. 1,55 Mio. Exemplare
Auflage 1992:	700.000 Exemplare
Letzte Ausgabe:	27.08.1992

Korlin Freese

ANLEITUNG
ZUM
RECHENSTAB

ARISTO

SCHOLAR

0903 · 0903 LL
0903 VS-2

Rechenschieber

Der ältere Bruder fummelte schon daran rum. Er hatte aber keine Zeit, uns den Rechenschieber zu erklären. „Zu kompliziert", hieß es. Respekteinflößend war allein schon die rot-weiße Plastikschatulle, worin er steckte. Wie bei einem Warndreieck. Wirkte fast unfallträchtig. Dann die wilden Einteilungen und Tabellen, an den Rändern eingezeichnet, aber in ihrer Systematik tatsächlich nicht so einfach zu durchschauen. Dieser Apparat, ein entfernter Verwandter des Abakus, wurde wahrscheinlich schon von Galileo oder Adam Riese entwickelt. Sein durchsichtiger Schiebeschlitten! Was der sollte? Aber der Rechenschieber verlieh den damit Hantierenden einen festlichen Anstrich von Ingenieurbüro und fachmännisch-akkurater Berechnung. (Wir rechneten fast damit, dass demnächst die Pulte im Matheunterricht schief gestellt würden wie die Reißbretter der Architekten und Bauingenieure.) Auf den mathematisch Minderbegabten wirkten Rechenschieber natürlich furchteinflößend, nach dem Motto: Wenn das das Hilfsmittel ist, wie sieht dann um Gottes willen die Aufgabenstellung aus? Aber die Rettung nahte: Die Ära des Rechenschiebers ging unweigerlich zu Ende – als ich so weit gewesen wäre, durften wir schon Taschenrechner einsetzen. Dieser Kelch war an mir vorübergeschlittert.
GrH

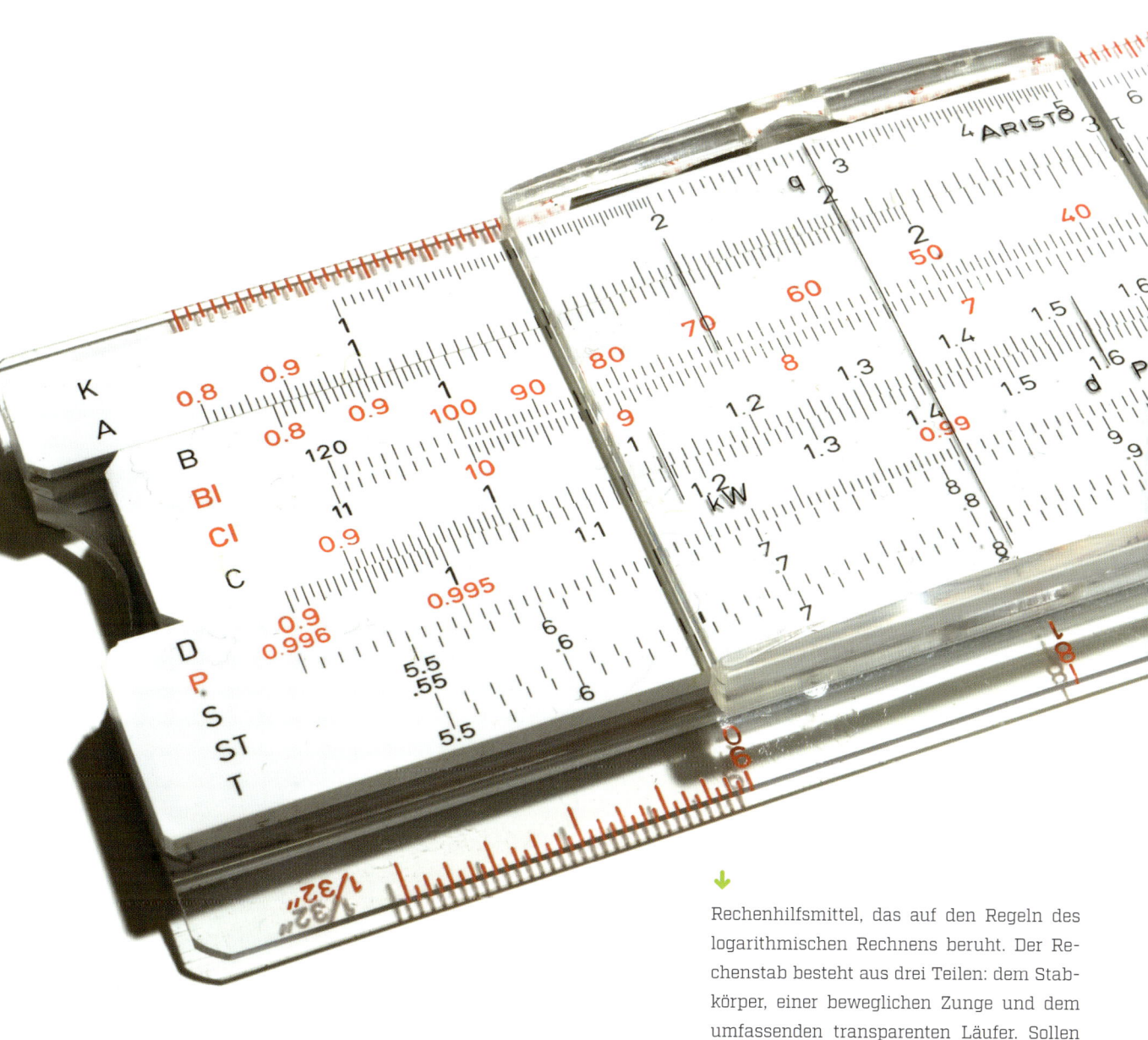

Rechenhilfsmittel, das auf den Regeln des logarithmischen Rechnens beruht. Der Rechenstab besteht aus drei Teilen: dem Stabkörper, einer beweglichen Zunge und dem umfassenden transparenten Läufer. Sollen zwei Zahlen a und b miteinander multipliziert werden, so wird die Markierung „1" der Zunge über die Zahl a auf dem Stabkörper eingestellt. Mithilfe des Läufers lässt sich dann unter der Zahl b der Zunge auf dem Stabkörper das Ergebnis ablesen.

„Kiss Kiss - der freundliche Kissenwecker. Weckt nur den, der aufstehen muss. Lässt den andern schlafen."
Kissenwecker, Mauthe Kiss-Kiss electronic, Schwenningen, um 1974

Reisewecker

Die erste Uhr meines Lebens war der klassische Reisewecker meiner Patentante. Zusammengeklappt eine Seifenschachtel, entfaltet ein Zelt mit zwei Eingängen. Er stand ihrem Mann im Bild. WM-Endspiel 1966. Mein Vater wollte die Spielzeit im Blick behalten. Es gab Streit. Ich war vier. Und wollte dann die Uhr lernen. Ich bekam ein Buch. Alle Seiten waren kreisrund bis zur letzten durchgestanzt. Die Zeiger dieser Stadt-Uhr waren beweglich. Frühmorgens radelte ein Bäckergeselle an ihr vorüber, er saß zwischen Körben voller Baguettes, nachts erschien der Straßenkehrer, mittags räumten die Marktfrauen allmählich auf, und Schulkinder liefen scharenweise heim. Alles unter dem Zyklopenauge der Stadt-Uhr, das seine Farbe beim Umblättern zu ändern schien – abends, wenn ein Schutzmann sich auf seinen Rundgang machte, leuchtete das weißliche Zifferblatt vom Mittag auf einmal in wärmstem Gelb, fast schon honigfarben.
Steril dagegen: die digitalen Zeitanzeigen, die plaudernd auch noch Datum und Außentemperatur angeben, wie für ein Fleißbildchen, und niemandem mehr das geringste Abstraktionsvermögen zutrauen. Welt-Uhren, die uns verraten, wie spät oder früh es gerade ist in Neu-Delhi und New York, sind die reinsten Fernweh-Wecker. Stadt-Uhren aber verbreiteten stets das Flair einer liebgewonnenen Lokalzeitung.
Grll

Kleine Geschichte der Zeitmessung

Mechanische Uhr, ab 1300
Sanduhr (Stundengläser), ab dem 14. Jh.
Taschenuhr, ab dem 16. Jh.
Pendeluhr, ab dem 17. Jh.
Schwarzwälder Kuckucksuhr, 18. Jh
Einführung der Weltzeit, 1884
Armbanduhr, Anfang 20. Jh.
Quarzuhr, ab den 20er Jahren
Atomuhr, seit den 50er Jahren
Funkuhr, seit den 60er Jahren

„Die bedeutendste Veränderung in der Geschichte der Zeitmessung markiert für mich das Jahr 1967, als ,die Uhr vom Himmel gefallen ist'. Mit diesem Jahr wird die Atomuhr als internationales Einheitensystem verabschiedet und damit die Himmelszeit als Referenzsystem überwunden. Was bis dahin von den Sternwarten gemessen wurde, wird jetzt an elektromagnetischen Schwingungen orientiert."
(Eva Renz, Deutsches Uhrenmuseum)

Rollschuhe

↓

Rollschuhe vs. Inlineskates

Rollschuhe:

- 4 Rollen, 2 vorne und 2 hinten
- kurzer Radstand
- bewegliche Rollen, wendig
- zum Anschnallen oder an Schuhe montiert

Inlineskates:

- meist 4 Rollen hintereinander
- langer Radstand
- starre Rollen, schnell
- an Schuhe montiert

Nicht mit dem Stopper! Damals, als Inlineskates noch Rollschuhe hießen und auf Plastikwalzen statt schmalen Gummirollen fuhren, war das die allererste Lektion. Der runde Kunststoffblock vorn war nicht zum Schwungholen da – wofür sonst, wusste allerdings auch keiner so ganz genau. Die, die es konnten, brauchten das Ding sowieso nie, nicht einmal zum Bremsen. Gene Kelly zum Beispiel, dem in *It's Always Fair Weather* acht Räder reichten, um mit unvergleichlicher Grazie um Laternenpfähle und die Bourgeoisie zu gleiten. Sogar steppen konnte der Kerl damit. Mit unseren billigen, an die Turnschuhe geschnallten und höllisch lärmenden Plastikgefährten wirkten wir vielleicht nicht ganz so elegant. Trotzdem: Anders als ihre in Reihe geschalteten Nachfahren der späten Neunziger waren Rollschuhe längst nicht bloß ein Sportgerät. Sondern immer auch eine sturzgefährliche Kampfansage ans Establishment. Rotzigkeit auf Rädern, mit der „The Fireball" Mickey Rooney 1950 keiner Geringeren als Marilyn Monroe in die Arme und einer von Luc Bessons Subway-Punks 35 Jahre später der schlechtgelaunten Staatsgewalt davon sauste. Schon Charlie Chaplin hatte auf Rollen die High Society durcheinander gewirbelt; das war 1916. Unsere Fahrt durch die Achtziger mag weniger subversiv gewesen sein, zumindest eine leise Ahnung aber von Freiheit, Ungehorsam und zerschundenen Knien war den klapprigen Rollen geblieben.
AK

[Sch]Leckmuschel

Ihr größter Vorteil war die Unteilbarkeit. Als wir sie lutschten, reichte es zum Zeichen der Hingabe aus, einem Mädchen eben eine Schaumerdbeere abzugeben – von den fünf oder zehn, für die das Geld beim Kiosk oder Schreibwarenhändler gereicht hatte. Hielt man dem Mädchen die eigene Schaumwaffel hin, konnte die demütigende Gegenfrage kommen: „Abgebissen oder abgebrochen?" So was passierte mit der (Sch)Leckmuschel nie. Sie war nicht zu teilen und nicht zu verleihen. Aber sie brauchte mehr Zeit zum Verzehr als selbst Kinder normalerweise haben. Was zu unverhofftem Wiederfinden führen konnte. Etwa, wenn der Wintermantel aus seinem Sommerschlaf erwachte, und der fest in Schal, Mütze und Handschuhe eingepackte Bub wie aus finsterem Himmel in der Manteltasche eine mit Fusseln übersäte Muschel wiederfand, die er entweder unter dem Wasserhahn wieder sauber spülte, oder eben – in der Not frisst der Teufel Fliegen – erst sauber, und dann zu Ende lutschte. Natürlich nur dann, wenn gerade kein richtig nettes Mädchen herschaute.
GrH

Hartbonbons, gefüllt in Herzmuschelform aus Kunststoff. Die Bonbonmasse ist in verschiedenen Geschmacksrichtungen erhältlich und setzt sich hauptsächlich aus Zucker, Glukosesirup, Aromastoffen und Lebensmittelfarbe zusammen.

Single

Die erste Single meines Lebens war ein Geschenk. Freunde meiner Eltern brachten sie mit, darum war es eine, für die man sich heute nicht schämen muss: *Sugar Sugar* von den Archies. Ich war zwölf und im Grunde meines Herzens noch ein Mädchen, das jeden Nachmittag mit dem Fahrrad in den Reitstall fuhr und hoffte, das Lieblingsschulpferd putzen zu dürfen.

Ich wusste nicht, dass *Sugar Sugar* damals schon ein Oldie war. Ich fühlte mich unendlich erwachsen, wenn ich diese kleine Platte auflegte und nicht mehr große Langspiel-Märchenplatten wie *Das Zauberpferd*. Denn die Leute, die ich damals von fern bewunderte, Jungs mit langen Haaren und grünen Parkas, Mädchen mit noch längeren Haaren und grünen Parkas, hörten solche Musik. Die Single war für mich Ausdruck einer jungen, einer nach vorn gerichteten Lebensenergie. Mit all ihrer Vergänglichkeit.

Als ich anfing, mir selbst Platten zu kaufen, waren das Singles, die man heute nur noch zum Scherz auflegen kann: *Jeans On* von David Dundas. Middle of the Road: *Chirpy Chirpy Cheep Cheep*. Oder *If You Think You Know How to Love Me* von Smokie, was mir später besonders peinlich war, weil ich es mit meiner Bewunderung für Chris Norman, den Sänger von Smokie, besonders ernst meinte.

Meine Eltern hatten nicht nur eine Kellerbar, sondern darin auch einen Plattenspieler mit einem Puck, mit dem man zehn Singles hintereinander abspielen konnte. Sie fielen dann aufeinander. Klar bekam ihnen das nicht gut. Aber so war es halt: Platten zerkratzten. Wir fanden das sogar gut, wenn sie ein bisschen knackten, denn dann hatten sie gelebt. Und wir mit ihnen.

GaH

Schallplatte

Die kreisrunde Kunststoffscheibe mit einem Durchmesser von 30 cm dient der Speicherung von Schallsignalen und ist auf einem Plattenspieler beidseitig abspielbar. Die Drehzahl beträgt 33 1/3 U/min (Langspielplatte oder LP für „long play") oder 45 U/min (Single). Anfang der 30er Jahre werden die ersten Langspielplatten entwickelt, in Deutschland werden sie seit den frühen 50er Jahren von der Deutschen Grammophon auf den Markt gebracht. Ab den 60er Jahren setzen sich Stereoschallplatten durch. Mit der Markteinführung der CD verschwindet die Schallplatte weitgehend vom Markt, wird aber weiterhin in Kleinauflagen für Spezialtitel, für DJs und einen Sammlerkreis produziert.

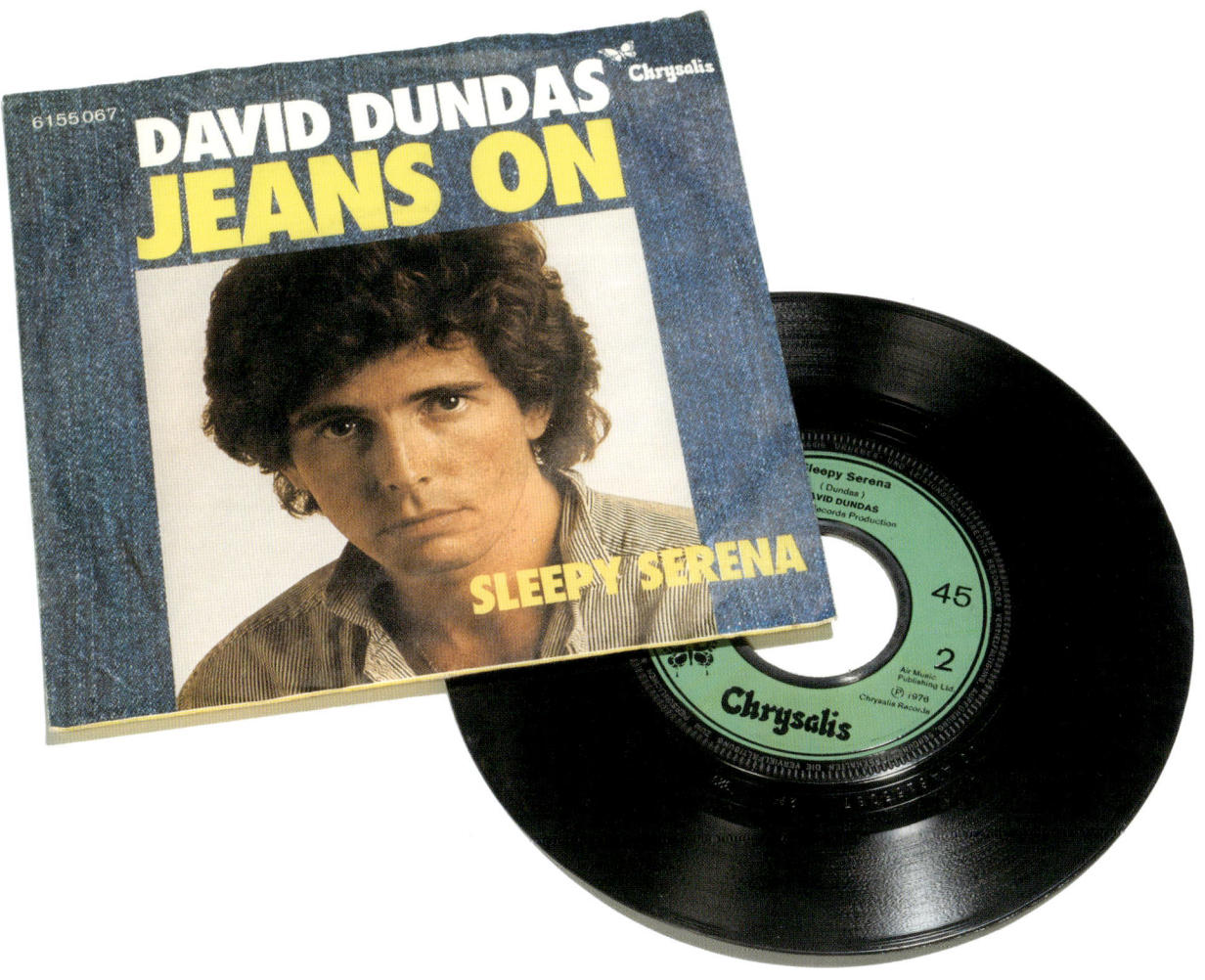

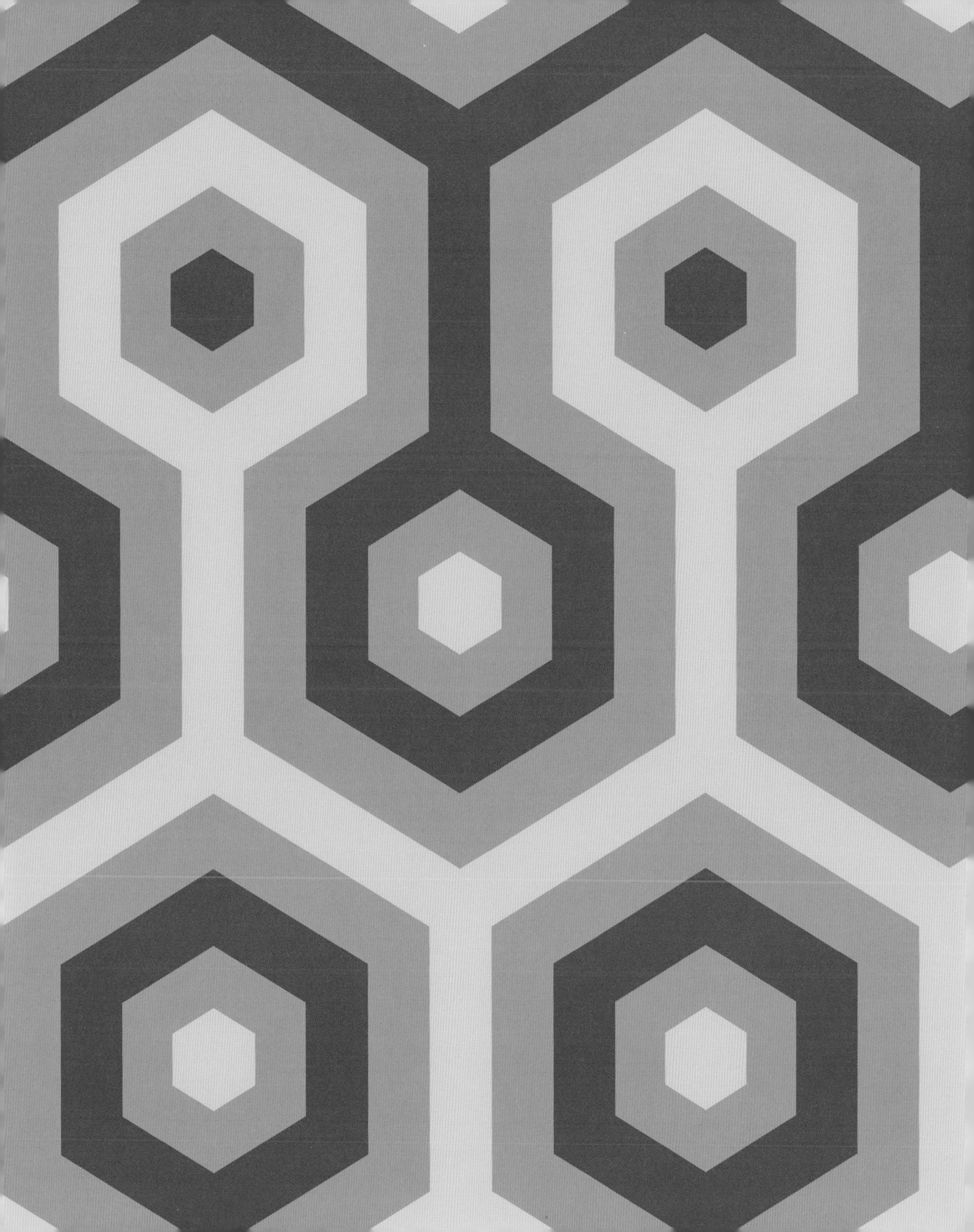

Spardose

Meine Spardose – von der Sparkasse – war leer schon schwer, metallen, und hatte die Form des Blaulichts auf einem damaligen Streifenwagen (konnte noch ein VW-Käfer sein), nur in handlicher Größe. Sie war robust. Nur mit dem richtigen Schlüsselchen zu öffnen. Es passte in das winzige Schloss im Boden der Dose, der dann abfiel, wenn sie aufging. Der Schlitz oben, wo das Geld reinkam, hatte kleine gefräßige Zähnchen. Bei Scheinen (nur an Geburtstagen) war Obacht geboten. Die Kinder in der Klasse, die den Colani-Elefanten hatten, hatten ihr Sparbuch bei der Dresdener Bank. Mit dem grünen Rüssel der Sympathie. Es gab aber alle möglichen Farben. Der erste Designer, dessen Namen ich kannte (einmal trat er sogar im *Aktuellen Sportstudio* auf und klatschte für sich selbst Beifall), der einzige, der mir in meiner gesamten Jugend vom Namen her bekannt war, hatte den Sparelefanten entworfen. So etwas erfuhr damals aber niemand. Es hieß nur, ich bräuchte doch nicht auch so einen Elefanten, ich hätte doch schon eine Spardose. Dass die – gegen den abgerundeten, lustigen Elefanten, der so gut in der Hand lag – wirkte, als stamme sie aus Militärbeständen, kümmerte meine Eltern nicht sonderlich. Der Zwiespalt zwischen Design und Notwendigkeit hatte sich in meinem Leben aufgetan – um sich nie wieder zu schließen.
GrH

Seit dem 1. Internationalen Sparkassenkongress im Oktober 1924 findet jährlich am 30., oder 31. Oktober der Weltspartag statt: Kinder, die ihre Ersparnisse an diesem Tag einzahlen, erhalten bei den Sparkassen und vielen Banken ein kleines Geschenk.
Den „Drumbo" entwirft der deutsche Designer Luigi Colani (*1928) zum Weltspartag 1974 für die Dresdner Bank.

Sunkist-Dreieck

Dass Sunkist eigentlich „sun-kissed" heißen sollte, war uns nicht klar, genauso wenig wie bei „Tri-Top", das von „tree-top" kam, und auf den konisch zulaufenden Sirupflaschen stand. Wir konnten noch kein Englisch. Wir sprachen das „u" deutsch aus. Und doch klang da Erfrischendes mit an, Sonnenreife gewissermaßen, wie später nur noch bei Sunnyi Melles. „Picasso-Euter", so nannten sarkastische Erwachsene die H-Milch von Hanselmann, die genauso pyramidal geformt war wie Sunkist – ein formal überzeugendes Flüssigkeitsbehältnis. Da war eine kleine, diskrete Klebelasche, die das Einstichloch für den Strohhalm hygienisch bedeckt hielt. Aber hatten wir immer einen Strohhalm dabei? Die waren nämlich erst gar nicht an der Sunkist-Verpackung befestigt, sondern wollten mitgenommen sein. Erst dem Strohhalmlosen, wenn ihn richtiger Durst plagte, enthüllte sich das volle Sunkist-Erlebnis – Klebelasche weg, dann die eine gesamte Zipfelecke in den Mund nehmen, wie ein Rehkitz die Zitze, und dann die gesamte Packung – möglichst Zitrone – mit aller Kraft zusammenquetschen. Ein fruchtiger, dünner Strahl, der direkt auf den Gaumen prallte, und die Klatsche im Klassenspiel war verwunden.
GrH

Die Dreieckspackung

Genau genommen ist er vier- und nicht dreieckig – der tetraederförmige Getränkekarton gibt vor über 60 Jahren der Firma Tetra Pak ihren Namen. Ursprünglich dient er für Milch; von 1964 bis 1982 ist in Deutschland Sunkist-Limonade darin erhältlich. 1994 werden noch einmal für kurze Zeit Orangensaft-Dreiecke verkauft, seither gibt es in Deutschland nur noch Mini-Tetraeder mit Kaffeesahne oder Eis-Lollys.

Kurioserweise zeigt das berühmte historische Tetra Pak-Werbemotiv ein Mädchen mit Orangensaft-Karton über dem Slogan „Milch trinken aus Tetra Pak".

Super 8-Film

Meistens war ja der Aufwand viel zu groß, bis alles aufgebaut sein würde, die Leinwand, der Projektor; bis das grelle Lichtrechteck endlich gerade – „gerade, Mensch!" – auf der Wand saß. Aber insbesondere dann, wenn zu Weihnachten erst geschenkt bekommen, und nun müsste man doch mal, und das erste Mal wirklich in den USA gewesen ... – insbesondere dann folgte unweigerlich ein Abend, der mit dem ausgedehnten Unterlegen von Büchern verschiedenster Stärken begann, damit der Projektor höher stand. Der Lichtschalter an der Tür stieg für diesen einen Abend vom dienlichen Utensil zum gesellschaftlichen Mittelpunkt auf. Kaum einer der Filmvorführer war so weit Profi, dass er etwa auch hätte schneiden können. So glich die Vorführung im Heimkino dem Sichten filmischen Rohmaterials. Das nur die Gastgeber genauer kannten. Die sich von einem Bildwitzchen – „Da oben! Seht ihr den Geier im Affenbrotbaum? Und jetzt hat er gekackt!" – zum nächsten hangelten. Wacklige Bilder, verschwimmende Schärfen, gerötete Augen und ein anhaltendes Surrsurrsurr, Knacken, immer wieder senkrechte graue Streifen im Bild, Entladungen elektrischer Teilchen und das Treiben der Flusen im Lichtkegel, bis das Licht anging und alles sich erleichtert und leicht blinzelnd wieder zurechtsetzte. Dass Super 8 mal Kult werden würde, konnte damals nun wirklich niemand ahnen.
GrH

60 Jahre Super 8

Markteinführung:	1964 durch die Firma Kodak
Filmmaterial:	Kassetten mit 15,25 m Film
Laufzeit:	Bei 18 Bildern pro Sekunde 3 Min. 20 Sek.
Format:	Filmbreite 7,9 mm, Bildgröße 5,69 x 4,22 mm
Ton:	erst ab 1973 sind auch Tonfilmkassetten erhältlich
In Deutschland verkaufte Kassetten (1980):	ca. 19 Mio. Stück/Jahr
Revival:	Logmar-Kamera aus Dänemark (2014)

Telefon

Telefon ist das Endgerät jener Kommunikationstechnik, bei der akustische in elektrische Signale umgewandelt werden (Mikrofon) und umgekehrt (Telefonhörer). Zum Anrufen eines anderen Teilnehmers werden der Handapparat abgehoben und bei älteren Fernsprechgeräten über die Wählscheibe oder bei neueren durch Tastenwahl jeweils Tonfrequenzen über die Leitung zur Vermittlungsstelle gesendet, wo eine Rückwandlung der Tonfrequenzsignale in Schaltimpulse stattfindet.

Wir hatten es nur geliehen bekommen, von der Deutschen Bundespost. Dementsprechend gingen wir pfleglich damit um. Ganz zu Beginn war es aus Bakelit, und elegant schwarz wie früher die Taxis. Die Wählscheibe bot dem Finger im Zahlenloch Widerstand, es ratterte lange im Hörer, bis sie von Neun oder gar Null auf den Anfang zurückgeschnellt war. Beim Abnehmen und Auflegen entstand ein glucksendes Geräusch. Im Hörer ertönte der Kammerton A als Freizeichen. Festlich prangte der „Apparat" in der Diele. Der Mensch „ging hin" – Mitnehmen kam erst später in Mode, als das verlängerte Kabel ein wenig mehr Beweglichkeit und damit eine gewisse Diskretion für die Gesprächssituation ermöglichte. Dann wurde das Telefon leichter, die Kabel elastisch, sie verwickelten sich, was bei zwanghaften Menschen Glättungsversuche auslösen konnte. Es gab sogar Schlösser – für die Wählscheibe –, die die Telefonrechnungen drücken sollten. Dann waren die Wählscheiben auf einmal durchsichtig, die Telefone wurden erst bleich, dann grün oder ganz andersfarbig, es kamen die Tasten, und alles verlor an Gewicht und Bedeutung. Schon lange ist keiner mehr zuständig. Wenn man zu Hause das Telefon nicht sofort findet, macht das nichts. Er ruft bestimmt gleich auf dem Handy an.
GrH

Telefonzelle

Leuchtend gelb und weithin sichtbar, mit mindestens drei Seiten aus Glasscheiben. Die Tür ging nach innen auf, schob sich mit der gesamten Breite die rechte Seitenwand entlang und federte selbsttätig zurück. Rechts neben dem Apparat waren Telefonbücher angebracht, auf deren Rücken – sie hingen bodenwärts hinab – die Lässigeren unter den Dauer-telefonierern sich setzten, den draußen Wartenden oft zum Hohn. Als ich schon lesen konnte, aber noch so klein war, dass ich meine Mutter zum Telefonieren in die Zelle begleiten musste, stellte ich fest, dass das Geldrückgabefach von einer Klappklappe geschlossen wurde, auf deren oberem Rand „Klappe schließen" stand – ein Auswuchs der Regelungswut der Bundespost. Aber bestens verwendbar als Forderung im übertragenen Sinne, wenn die Frau Mama mal wieder stundenlang mit Tante Else in Berlin telefonierte – immer am Sonntagabend, wenn Ferngespräche billiger waren.
Und eines Tages das poetischste Erlebnis: die Schulkamera-din zum Eis einladen, einen klassischen Korb kassieren, und mit Bauchgrimmen noch einen Moment lang in der Zelle ste-hen bleiben, deren Neonröhre einen Wackelkontakt aufweist – das einzige individuelle Wetterleuchten meines Lebens.
GrH

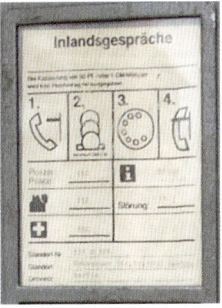

In der Telefonzelle (auch Münzfernsprecher), befindet sich ein öffentlich zugängliches Telefon, über das mittels Einwurf von Mün-zen, oder bargeldlos bei Kartentelefonen, te-lefoniert werden kann. Die mit einer Glocke gekennzeichneten Telefonzellen sind auch anrufbar. Die ersten öffentlichen Münzfern-sprecher gab es in Deutschland ab 1902; durch die Verbreitung des Mobilfunks hat die Bedeutung von Telefonzellen stark abge-nommen.

Telegramm

Wer je die Chance bekam, zu telegrafieren, zu „kabeln", den beschlich zwangsläufig ein ungeheures Glücksgefühl von gesteigerter eigener Bedeutung. Dagegen war gar nichts zu machen. Am Erinnerungshorizont leuchtete aus dem Geschichtsunterricht der Begriff „Emser Depesche" auf – Staatsmännisches stand an.

Den Wortlaut kurz zu halten, um weniger zu bezahlen – diese Haltung macht aus der Mitteilung, man habe die Gesellenprüfung bestanden, etwas in Stein Gemeißeltes. Und wenn erst ein Telegramm an der Haustür abgegeben wurde, wie vom reitenden Boten! Da erwartete der Mensch geradezu einen fernschreiberischen *Deus ex machina*, der das ganze Leben umkrempeln konnte, etwas in der Art von „Verschollener Erbonkel auf Hawaii verschieden" oder „Probetraining übermorgen 15 Uhr – stop – Säbener Straße – stop – FC Bayern München". Es war dann vielleicht nur der Glückwunsch zum Abitur, oder ein Hochzeitsgruß von einem gerade weltreisenden Verwandten, oder die einzige sichere Mitteilung aus Bolivien, wann der Flieger in Berlin Tempelhof ankommen soll. Kann man sich in unseren versimsten Tagen gar nicht mehr vorstellen.
GrH

↓

Auch *Depesche*, mittels eines Fernschreibers übermittelte gesprochene oder geschriebene Nachricht des Absenders, die an das nächstliegende Postamt des Empfängers übermittelt wird. Auf einem Telegrammformular ausgedruckt, wird es von einem Boten dem Empfänger zugestellt und unterliegt dem Briefgeheimnis. Telegrammgebühren werden je Wort berechnet, weshalb es den verkürzten „Telegrammstil" gibt.

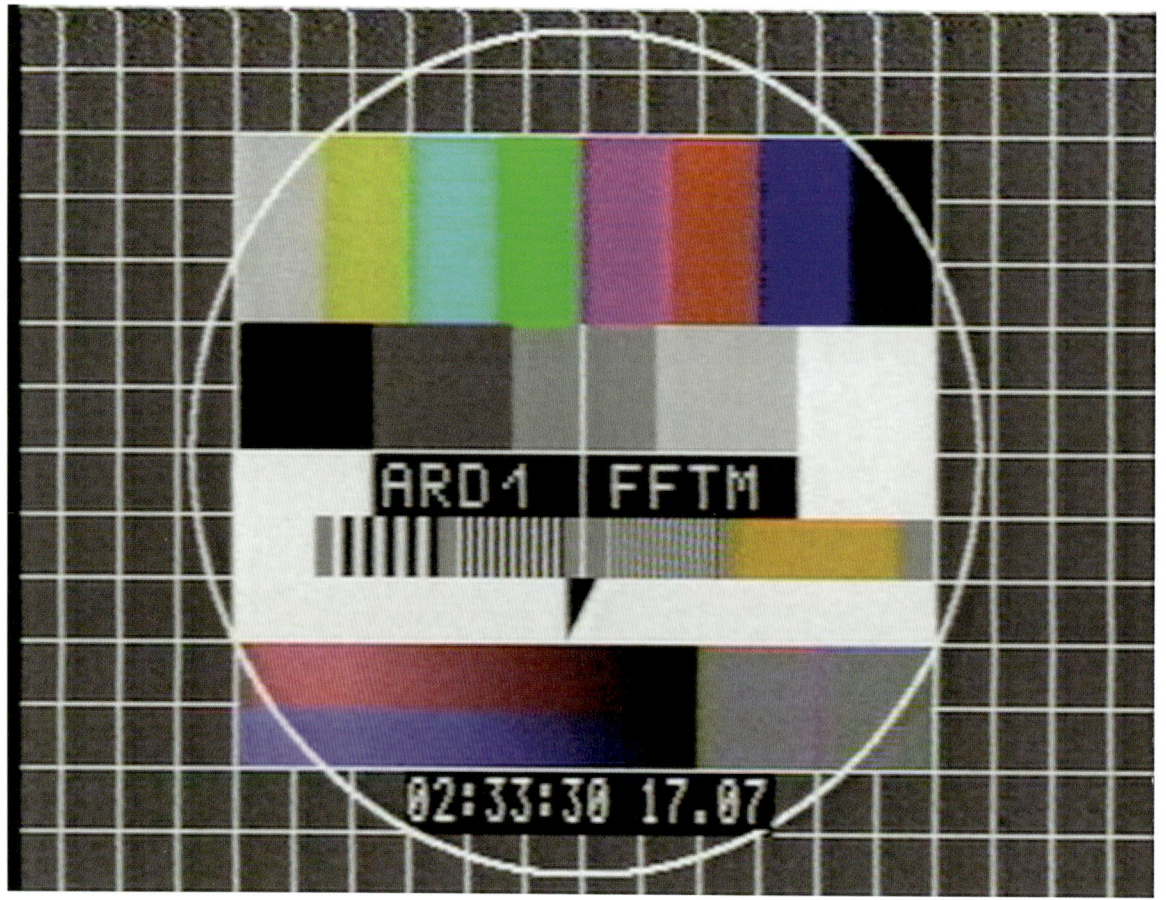

Testbild

In der Kindererziehung existiert die Annahme, jedes Kind könne zu einer bestimmten Zeit einschlafen – vorausgesetzt die Eltern hielten sich an ein einstudiertes Ritual. Das kann das Vorlesen sein, oder Lichter, die nach und nach gelöscht werden. Ähnlich verhielt es sich mit dem Testbild. Bis in die 80er Jahre hinein beendete es das Ritual des Fernsehens. Noch ein Film, noch einmal letzte Nachrichten, dann, liebe Zuschauer, es ist Zeit, ins Bett zu gehen. Die Stunde, zu der das Testbild gesendet wurde, verschob sich seit seiner Einführung in den 50er Jahren immer weiter in die Nacht hinein. Denn nicht nur die Zuschauer, auch das Fernsehen selbst wurde immer erwachsener. Wenn man sich dann darauf einließ – es konnte ein mythischer Moment werden, auf das Testbild zu starren. Einerseits ließ es sich wie ein Kunstwerk betrachten, als eine Fortschreibung des abstrakten Werkes von Wassily Kandinsky vielleicht. Andererseits wirkte die Anordnung von Farben und Flächen zugleich komplett willkürlich und doch gewollt. So als wäre eine Botschaft darin versteckt, die man nur noch entschlüsseln müsste. Doch eh es so weit war, war regelmäßig Sendepause.
JH

Testbilder dienen zur Prüfung der Bildqualität von Fernsehübertragungen. Sie bestehen meist aus farbigen und schwarz-weißen Feldern, einem großen Kreis und einem Gitter für Geometrieeinstellungen, einem Graukeil zur Kontrolle von Kontrast und Helligkeit sowie Feldern mit immer dichter angeordneten Linien zum Testen der Auflösung. Vor dem Zeitalter der 24-Stunden-Programme werden sie in Sendepausen übertragen.

Trimm-dich-Pfad

Über ihre Überbleibsel werden die Außerirdischen noch in Äonen rätseln: Klimmzugstangen, Balancierbalken, die an Ketten zentimeterhoch über dem Waldboden schweben, Stempenreihen, zum von-einem-auf-den-anderen-Hüpfen. Zehn Stationen, mit Zeitvorgaben und Übungsillustrationen. Trimm-dich-Pfade. Uns inzwischen übergewichtige Wohlstandskinder sollten sie vor dem Herzinfarkt bewahren. „Ein Schlauer stärkt die Ausdauer", hieß der Slogan, und die Trimm-dich-Melodie konnte bald jeder Anfänger auf der hohen E-Saite der Gitarre spielen, nach flächendeckenden Fernsehspots: Da-da-da-Didididi-da. Das hörte sich an wie „Der siebte Sinn" für den eigenen Bewegungsapparat, und wieder musste man sich in schattigen Waldstücken vor Restglätte fürchten.

Damals waren die Trainingsanzüge noch einfarbig mit weißen Seitenstreifen, und wer durch den Wald trabte, musste mit irritierten Blicken bürgerlicher Spaziergänger rechnen: Fitnesswelle und Joggingkultur kamen erst später. Der Trimm-dich-Parcours war wenig mehr als die zeitgemäße Neuerung des Baumlehrpfads. Aber es brauchte endlich keine Vereinsmeierei mehr, um mitmachen zu dürfen. Und schon entstanden Freizeitindustrie und Individualsportarten noch und nöcher.
GrH

1970 wird die Trimm-dich-Bewegung vom Deutschen Sportbund initiiert zur Krankheitsprävention gegen Übergewicht und Kreislauferkrankungen. „Trimmy" ist die Symbolfigur der Kampagne und erreicht in kürzester Zeit einen sehr hohen Bekanntheitsgrad. Die Trimm-dich-Pfade sind wieder in Aufschwung: Knapp 400 gibt es in Deutschland. Nur die Namen sind moderner geworden: Man trabt und turnt in 4F-Circles, Natur-Kraft-Parks, Welltain-Trails, Bleib-Gesund-Parks, Muskelgärten, Autofahrergesundheitswegen oder Street-Workout-Parks.

Trockenshampoo

Das Blöde an Trockenshampoo war, dass die Haare stumpf und grau wurden davon. Immer noch besser als fettig, dachten wir. Heute bin ich mir da nicht mehr so sicher. Man streute den weißen Puder aus dem himmelblauen Plastikspender erst auf die Partie um den Scheitel herum, legte dann den Kopf schief und brachte noch eine kleinere Dosis auf den Haaransatz rechts und links der Schläfen auf. Dann rubbelte man es ein, soweit es ging. Tatsächlich zog das Zeug das Fett aus den Haaren wie Löschpapier Tinte von einem Blatt. Jedes Mal dachte man, gut kann das nicht sein. Aber als Teenager hätte man sich die Haare ja stündlich waschen müssen, um die speckig glänzenden Strähnen auf dem Kopf zu vermeiden, was auch nicht so gut war. Weil die Haare dann, aus Rache, immer schneller immer fettiger wurden.

Es war ein aussichtsloser Kampf. Und wir haben alles probiert: Haare waschen ohne Shampoo; einen Tag Augen zu und durch; Mützen; Pferdeschwänze, straff gebunden mit den damals üblichen Kirschen, zwei Kugeln an einem Haargummi; Kamillentee, äußerlich angewandt; grüne Heilerde, von innen und außen; und natürlich allerlei Shampoos: Respond, Grüner Apfel und Klettenshampoo aus der Apotheke und Eigelb- oder Bier-Shampoo, die es portionsweise in prall gefüllten Plastikkissen gab.

Wenn eine von uns auch nur den Hauch von Erfolg zu verspüren meinte, rief sie die anderen an. Ich glaube, das Thema fettige Haare war, abgesehen von Pferden, Pickeln und Jungs, das meistdiskutierte dieser Jahre. Wie wenig man es vermisst, wenn es kein Thema mehr ist, fällt einem natürlich gar nicht weiter auf.

GaH

„Eine kleine hellblau-weiß geschwungene Dose mit einer silbernen Banderole: ‚Frottee Trockenshampoo für Zwischendurch'. Von den Göttern für mich erfunden. Allein der Name. Frottee. […] Frottee war Luxus, etwas Besonderes, nichts Alltägliches, etwas Dickes und Flauschiges. In der Gebrauchsanleitung stand: Durch die Trockenwäsche wird ein Problem gelöst, das so alt ist wie das Frisieren selbst: durch Nachfetten wird das Haar strähnig und nimmt der Frisur den Charme frischer, duftiger Perfektion. Entfetten durch Waschen aber hieße: die ganze Frisur neu aufbauen, mit der ganzen Sorgfalt und dem Zeitaufwand, der auch heute noch dazugehört."

[*Doris Dörrie*]

Videokassette

↓

Der Systemkrieg

Gleich drei Videoformate konkurrieren Anfang der 80er Jahre um die Gunst der Verbraucher: Das qualitativ hochwertige, von Sony entwickelte System Betamax, das VHS-System der japanischen Marke JVC und der europäische Video-2000-Standard, den Philips und Grundig als europäische Antwort auf die japanische Konkurrenz entwickelt hatten. Um 1986 zeichnet sich VHS als eindeutiger Sieger ab – bis heute ist es als analoger Standard für Videobänder gebräuchlich. Auch Betamax überlebt in modifizierter Form: als professioneller Videostandard „Betacam".

In einer Zeit, als noch nicht alles überall und zu jeder Zeit verfügbar war, gehörte er zu den Höhepunkten gemeinschaftlicher Freizeitgestaltung: der Videoabend. Cola oder Bier gehörten dazu, manchmal Taschentücher, immer Kartoffelchips. Vor allem aber jener schwarze Zauberkasten, aus dem sich große Filmerlebnisse – oder bloß Magnetbandknäuel entwickelten. Der audiovisuelle Bruder der Schallplatte, wie diese erst von einer Silberscheibe, dann vom immateriellen Datenstrom abgelöst, war einst das Schreckbild der Filmindustrie. Denn wer würde sich noch ins Kino mühen, wenn sich jeder Streifen bequem im Wohnzimmer abrufen ließ? Erst recht, wo das von JVC entwickelte „Video Home System" das heimische Kopieren und sogar die direkte Aufnahme aus dem Fernsehprogramm erlaubte? Die Furcht war unbegründet, stattdessen war ein ganz neuer Markt samt der klassischen Verwertungskette von Kino, Videothek und Verkauf entstanden. In kürzester Zeit hatte sich VHS gegen Konkurrenzsysteme wie Sony's Betamax durchgesetzt. Plötzlich konnte man Filme sammeln, wie zuvor Literatur und Musik, und mit einem gut sortierten Videoschrank die eigene Geschmackssicherheit unter Beweis stellen. *Die Dornenvögel*, *Akte X* oder *Jurassic Park*; im Regal beanspruchten sie selbstbewusst so viel Platz wie ein durchschnittlicher Literaturklassiker. 2006 erschien zum letzten Mal ein Hollywood-Streifen als Kaufkassette. Ihr Geschäft sehen die Kinomacher erneut bedroht – auch ohne schwarzen Kasten. *AK*

Nena (alias Gabriele Susanne Kerner) 1984
in Thomas Gottschalks *Thommy's Pop Show*

Vokuhila

Frisurmoden sind ein seltsames Phänomen: So selbstver-
ständlich einem die der eigenen Gegenwart erscheinen
mögen, so absurd machen sich jene der Vergangenheit aus.
Selbst der jüngsten — die Rede ist hier nicht etwa von der
Tonsur mittelalterlicher Mönche, sondern von der gepfleg-
ten Nackenmatte der Achtziger. Die Frise also, die Frauen-
schwarm und DIY-Ikone MacGyver stolz in die entlegensten
Krisengebiete der Welt trug. Und die in den Panini-Alben
fußballverrückter Jungs beinahe jedes zweite Kickerhaupt
umwehte. Vorne-kurz-hinten-lang, mit Ponyfransen und
Nackenspoiler; von Fortgeschrittenen gern mit einem Ober-
lippenbärtchen kombiniert. Die unvordenkliche Erbsünde der
Friseurszunft hatte etwas gleichermaßen Zeitgemäßes wie
Archaisches. Kaum auszudenken, ob Mike Werner, dribbeln-
der Samson in den Reihen von Hansa Rostock und so etwas
wie die liebenswerte Galionsfigur des Vokuhila, ohne seinen
Genickschoner jemals so erfolgreich gekickt hatte? Ende
der 80er Jahre wurde der Vokuhila langsam dünner und
schließlich vom Rattenschwänzchen abgelöst, das halbstarke
Schüler bis in die späten Neunziger begleitete.
Ganz verschwunden ist der Vokuhila übrigens nicht; vor
allem Bassisten kanadischer Hipsterbands bekennen sich
unterm Basecap ab und an wieder zur Truckermatte. Mike
Werner verdient sein Geld inzwischen übrigens als Ama-
teur-Trainer in Mecklenburg-Vorpommern. Die Haare trägt
er heute kurz.
AK

Akronym für „vorne kurz, hinten lang" als
Bezeichnung eines Haarschnitts, bestehend
aus Pony-Fransen an der Stirn, kurz ge-
schnittenem, z.T. anrasiertem Haar an den
Seiten und mindestens schulterlangen
Strähnen am Hinterkopf. Die Frisur ist vor
allem in den 80er Jahren Mode. Zu den bekanntesten Vokuhila-Trägern in Deutschland zählen u.a. Dieter Bohlen und Rudi
Völler.

„Das Ende einer Legende: Jeder kennt ihn, viele besaßen einen: Den Walkman von Sony. Zwischen 1980 und heute wurden mehr als 200 Millionen Geräte unter dem Namen Walkman verkauft, der zum Inbegriff des mobilen Kassettenspielers wurde. [...] Gestern verkündete Sony das endgültige Aus der Produktion des kleinen Abspielgerätes. [...] In den Achtzigerjahren – auch noch Anfang der 90er – war der Walkman das Statussymbol schlechthin unter jungen Menschen."

Walkman

Meiner eierte ein bisschen, er war dunkelgrau und ziemlich klobig. Die windigen Kopfhörer hatten einen Drahtbügel, der über den Kopf reichte; verstellbar, aber im Ganzen eine eher wacklige Angelegenheit. Doch auf den Klassenfahrten, auf denen irgendein Banause wieder einmal dafür gesorgt hatte, dass aus den Buslautsprechern Ace of Base schepperte, retteten sie einem das Leben. Da hatten andere freilich längst schon den CD-tauglichen Nachfolger, doch die Macht des Kassetten-Walkmans war noch nicht gebrochen. Zwei Jahrzehnte lang verlieh das 1979 von Sony entwickelte Gerät dem Leben seinen eigenen Soundtrack, tünchte die profansten Momente in orchestrale Klänge oder dumpfe Beats und sperrte die lästige Umwelt einfach aus. Zumindest akustisch. Ohne war man kein ganzer Mensch, mit lag einem die Welt zu Füßen. Oder sie warf einem verständnislose Blicke zu, wieder so ein autistischer Popzombie. Die Leute hatten ja keine Ahnung – Flaneure waren wir; endlich komplettiert, Walter Benjamin hätte seine Freude gehabt. Das „Walken" zu Musik von selbstgemixten Tapes war einfach unschlagbar. Dann, 2001, kam der iPod und fegte seinen chancenlosen Urahnen mitsamt den Kassetten, CDs und Minidiscs mit einem Schlag vom Markt. Aus einer Stunde Bandsalat waren plötzlich „1.000 Songs in deiner Hosentasche" geworden, und bald war der Soundtrack für unterwegs so normal, dass selbst die hartnäckigste Kulturkritik endlich über den Sprung in der eigenen Platte hinwegkam. Gehört hatten wir sie ja ohnehin nicht.
AK

Anhang

Das Team

Sofia Blind

(*1964) durfte nie *Bonanza* sehen und wollte prompt schon nach der ersten Folge von *Drei Engel für Charlie* a) die gleiche Frisur wie Farrah Fawcett-Majors und b) Geheimagentin werden (den Unterschied zwischen Privatdetektiv und Geheimagent hat sie erst später begriffen). Heute tarnt sie ihre Agententätigkeit mit einer Schein-existenz als Autorin und Übersetzerin.

Jan Heidtmann

(*1965) ist Redakteur der *Süddeutschen Zeitung*. Bevor er vor drei Jahren in das Ressort Innenpo-litik wechselte, arbeitete er über zehn Jahre für das *SZ-Magazin*. Geht es ihm heute also vor allem um das politische Geschehen, hatte er sich beim *SZ-Magazin* noch mit der ganzen Bandbreite der Themen befasst – von der neuen griechischen Küche bis zur Soziologie der Spülmaschine. Die Arbeit an diesem Buch war so gesehen auch eine Rückkehr in alte Themen-Gefilde.

Jens Heilmann

(*1966) hat seinen Autoführerschein dreimal gemacht, in den 80er Jahren. Wegen der Frisur! (Jens liebt die 70er.) Deshalb hat er heute wahr-scheinlich auch keine Haare mehr auf dem Kopf und fotografiert für Magazine und Gestaltungs-büros – hauptsächlich in der Nähe von München.

Gabriela Herpell

(*1959) hätte gern noch einen Text über eine Serie verfasst, die jeden Dienstag in der Kinderstunde lief: *Großer Adler, Häuptling der Cheyenne*. Nur: Die Sendung kannte keiner außer ihr. Und da es immer noch Karl May Bücher gibt (auch wenn sie kaum noch einer liest), konnte sie gar nicht über die wahre Leidenschaft ihrer Kindheit schreiben: die Indianer.

Gregor Hoppe

(*1962 in München) Literaturstudium dort, Auslandsjahr im englischen Cambridge. Erst freier Autor, dann Radioredakteur beim BR, dann 6 Jahre ARD-Auslandskorrespondent Hörfunk Studio Rom, seit 2012 Gestalter und Moderator der Bayern 2 Sonntagsbeilage, 4 Kinder aus 2 Ländern.

Andreas Kühnlein

(*1980) war in den Achtzigern Hobby-Paläontologe, stolzer Besitzer eines Paars schwarz-gelber Anschnallrollschuhe und einer roten Schreibmaschine. Brauchbares ist auf Letzterer allerdings nicht entstanden, außerdem hakte das „k".
Der Umstieg ins Digitale half – Medienwissenschaftsstudium in Jena, danach drei Jahre dies und das am Dessauer Bauhaus, seit 2012 Redakteur bei *Architectural Digest* in München.

Oliver Lüder

lebt als freier Journalist in Süddeutschland und gilt als Western-Spezialist. Seine Hobbies sind Reiten, Schießen und Fahrradfahren. An Fasching verkleidet er sich seit seiner Kindheit als Adam Cartwright. Die Ähnlichkeit ist frappierend.

Vera Maas

(*1986) lebt als freie Lektorin und Bildredakteurin in Düsseldorf. Sie ist ein Kind der Neunziger und war für manche der hier beschriebenen Dinge und Trends einfach noch „zu klein" – ein vertrautes Gefühl für die Jüngste von vier Geschwistern. Umso spannender war für sie die Ding-Recherche zu diesem Band, auch wenn ihre erste Single eine Maxi-CD und die Rollschuhe natürlich Inliner waren – kurzum, das wird ein anderes Buch.

Ilja Richter
Es gibt auf dieser Welt Frauen, es gibt Männer, es gibt Kinder und es gibt einen Ilja. Weil er ein Gent ist. Die sind ansonsten auch ausgestorben, wie so viele andere Dinge in diesem Buch. Wie definiert sich ein Gentleman? Über Höflichkeit, Understatement, Gleichgewicht, Contenance, Ironie und Charme. Na ja, sagen wir mal bescheidener: Er definiert sich zumindest über die lebenslange Arbeit an diesen Tugenden. Und er ist ein Flaneur. Ansonsten spielt er gerne. Nein, nicht Klavier, mit seinem Sohn und oft auf einer Bühne.

Dirk Uhlenbrock
(*1964) ist froh, die 70er und 80er Jahre relativ unbeschadet überstanden zu haben und fürchtet sich seitdem vor jedem sich abzeichnenden Revival.
Er arbeitet seit 30 Jahren im Bereich Grafikdesign und Illustration und hat, bis auf einen überschaubaren Zeitraum in Wuppertal, das Ruhrgebiet nicht verlassen.

Christian Rieker
(*1963 in Köln) war in Kindheit und Jugend eben dort den visuellen und akustischen Attacken der Siebziger und Achtziger hilflos ausgeliefert. Begreift dieses Buch – zu dem er die ursprüngliche Idee hatte –, daher auch als wichtigen Beitrag zur eigenen, aber auch kollektiven Aufarbeitung.

Nicola von Velsen
(*1960) lebt als freie Bücherfrau und Papierfreundin in Köln am Rhein. Nicht nur im Karneval fragt sie sich, ob Zigaretten und Dauerwelle eigentlich auch zu den besagten Dingen gehören. Beide erscheinen ihr heute wie flüchtige Bekannte eines anderen Jahrhunderts.

Textnachweis

S. 18
„Wie ihr aus Eurem alten Drahtesel einen flotten Renner macht",
Bauanleitung für ein Bonanzarad, in: *Zack*, ca. 1975, online verfüg-
bar unter: www.bonanzaboys.de/was/hilfe/umbau

S. 44
Kraftfahrt-Bundesamt, „EU-Führerschein", online verfügbar unter:
www.kba.de/DE/ZentraleRegister/ZFER/Fuehrerschein/fuehrer-
schein_node.html

S. 60
Geschichte der Erfindung der Klick-Klack-Kugeln so erzählt von
Ruth Hermann, „Prahls Pralli", in: *Die Zeit*, 27.08.1971, 07:00 Uhr,
online verfügbar unter: www.zeit.de/1971/35/prahls-pralli

S. 91
Eva Renz im Gespräch am 04.03.2015,
Deutsches Uhrenmuseum, Furtwangen,
www.deutsches-uhrenmuseum.de

S. 117
Doris Dörrie, „Das Trockenshampoo", in: *Süddeutsche Zeitung*,
17.05.2010, 21:25 Uhr, online verfügbar unter: www.sueddeutsche.
de/kultur/das-war-die-brd-das-trockenshampoo-1.427452

S. 122
Patrick Bellmer, „Das Ende einer Legende: Kein Kassetten-Walk-
man mehr", in: *Computer Base*, 24.10.2010, 13:07 Uhr, online
verfügbar unter: www.computerbase.de/2010-10/das-ende-ei-
ner-legende-kein-kassetten-walkman-mehr

Bildnachweis

Dank

Karin Hellmann
Karsten Kolloge
Christel Maas-Bessard
Claudia Neidig
Eva Renz
Sabine Saeidy-Nory
Horst Sonnenwald
Angelika Thill
Heike Zepmeusel
Heinz Zopf